D1754260

MIX
Papier aus verantwortungsvollen Quellen
Paper from responsible sources
FSC® C105338

Peter Freudenberger

Jesus als Held – oder: Was ist dran an medialen Helden und ihrer Vorbildfunktion?

Ergebnisse einer Fragebogenanalyse im Religionsunterricht bei Berufsschülern

Diplomica Verlag GmbH

Freudenberger, Peter: Jesus als Held – oder: Was ist dran an medialen Helden und ihrer Vorbildfunktion? Ergebnisse einer Fragebogenanalyse im Religionsunterricht bei Berufsschülern, Hamburg, Diplomica Verlag GmbH 2013

Buch-ISBN: 978-3-8428-8202-7
PDF-eBook-ISBN: 978-3-8428-3202-2
Druck/Herstellung: Diplomica® Verlag GmbH, Hamburg, 2013

Bibliografische Information der Deutschen Nationalbibliothek:
Die Deutsche Nationalbibliothek verzeichnet diese Publikation in der Deutschen Nationalbibliografie; detaillierte bibliografische Daten sind im Internet über http://dnb.d-nb.de abrufbar.

Das Werk einschließlich aller seiner Teile ist urheberrechtlich geschützt. Jede Verwertung außerhalb der Grenzen des Urheberrechtsgesetzes ist ohne Zustimmung des Verlages unzulässig und strafbar. Dies gilt insbesondere für Vervielfältigungen, Übersetzungen, Mikroverfilmungen und die Einspeicherung und Bearbeitung in elektronischen Systemen.

Die Wiedergabe von Gebrauchsnamen, Handelsnamen, Warenbezeichnungen usw. in diesem Werk berechtigt auch ohne besondere Kennzeichnung nicht zu der Annahme, dass solche Namen im Sinne der Warenzeichen- und Markenschutz-Gesetzgebung als frei zu betrachten wären und daher von jedermann benutzt werden dürften.

Die Informationen in diesem Werk wurden mit Sorgfalt erarbeitet. Dennoch können Fehler nicht vollständig ausgeschlossen werden und die Diplomica Verlag GmbH, die Autoren oder Übersetzer übernehmen keine juristische Verantwortung oder irgendeine Haftung für evtl. verbliebene fehlerhafte Angaben und deren Folgen.

Alle Rechte vorbehalten

© Diplomica Verlag GmbH
Hermannstal 119k, 22119 Hamburg
http://www.diplomica-verlag.de, Hamburg 2013
Printed in Germany

Danksagungen

- meiner Frau für alles

- allen Professoren, Mentoren, Mitstudenten und Freunden,
  die diese Arbeit gefördert haben
  durch Zuhören, Mitdenken, und Durchlesen

Abkürzungsverzeichnis

KU	Konfirmandinnen- und Konfirmandenunterricht
RU	Religionsunterricht
BRU	Religionsunterricht an beruflichen Schulen
SuS	Schülerinnen und Schüler
BRU - SuS	Schülerinnen und Schüler des Religionsunterricht an beruflichen Schulen

In dieser Arbeit werden in der Regel beide Geschlechter in Bezeichnungen verwendet. Wo dies umständehalber nicht möglich war, wurde aufgrund der leichteren Lesbarkeit, aber nicht aufgrund von Wertaussagen das einfachere männliche Geschlecht verwendet, z. B. bei dem Wort Helden.

1. Einleitung 1
   1.1. Motivation und Thematik 1
   1.2. Aufbau der Arbeit 2

2. Religionsunterricht an beruflichen Schulen 4
   2.1. Schulische Bildung als Erlernen von Kompetenzen 4
   2.2. Aktuelle Forschungsergebnisse zu Religion, Jugend und Kirche 5
   2.3. Medienwelt Jugendlicher als lebensweltorientierter Anknüpfungspunkt 8
   2.4. Schlussfolgerungen für den BRU 9

3. Bedeutung von Medien aus christlicher und pädagogischer Sicht 10
   3.1. Medien im christlich - religiösen Kontext 10
      3.1.1. Medien als Bestandteil christlicher Verkündigung 10
      3.1.2. Medien in Reformation und postmoderner Gesellschaft 11
      3.1.3. Religiöse Dimensionen in säkularisierter Medienwelt 12
         3.1.3.1. Religiös-christliche Heldenaspekte bei Harry-Potter 14
         3.1.3.2. Religiöse Aspekte in den „Star-Wars" – Filmen 14
         3.1.3.3. Christliche Aspekte in „Herr der Ringe" 14
         3.1.3.4. Religiöse-christl. Dimensionen in „Lola rennt" 16
      3.1.4. Schlussfolgerungen 18
   3.2. Einflüsse medialer Vorbilder (Helden) aus Sicht der Jungen-Pädagogik 19
      3.2.1. Allgemeine Einflüsse medialer Helden in PC-Spielen 19
      3.2.2. Einflüsse medialer und einseitiger Helden aus Sicht der Jungen-Pädagogik 19
   3.3. Beobachtungen und Schlussfolgerungen für den BRU 23

4. Religionspädagogische Aspekte von Mythen und Symbolen in der medialen Lebenswelt Jugendlicher — 25

4.1. Zu den Begriffen Mythos und Symbol im christlichen Sinn — 25

4.2. Die Heldenreise (nach Campbell) und ihre medialen Wirkungen (nach Hammann) — 29

    4.2.1. Die Heldenreise nach Campbell — 29

    4.2.2. Die medialen (Neben)-Wirkungen der Heldenreise nach Hammann — 31

4.3. Anknüpfungspunkt Vorbild und Heldenreise beim TV-Superstarkult — 34

    4.3.1. Kommerzielle Aspekte von medialen Vorbild- und Heldenangeboten — 34

    4.3.2. Vorbildthematik und Erfahrungswerte bei Mendl — 35

    4.3.3. Aktueller medialer Starkult im Medium Fernsehen — 36

4.4. Anknüpfungspunkt Jesus als lebendiges Symbol in seiner Vielgestaltigkeit — 38

    4.4.1. Jesus in der frühen Kirchengeschichte: Gottähnlich oder gottgleich? — 39

    4.4.2. Jesus als Mensch: Vorbild, Revolutionär oder Superstar — 40

4.5. Schlussfolgerungen — 41

5. Forschungsdesign: Wie nehmen vom Starkult beeinflusste BRU-SuS die Gestalt Jesu wahr? — 43

5.1. Quantitative Forschung — 43

    5.1.1. Vorteile einer quantitativen Befragungsaktion — 43

    5.1.2. Rahmenbedingungen des BRU für eine Umfrage — 44

    5.1.3. Folgerungen und Fragestellungen — 45

    5.1.4. Art und Weise der Auswertung — 45

5.2. **These: Der mediale Starkult beeinflusst die Wahrnehmung der Gestalt Jesu bei BRU - Schülern.** **45**

5.3. **Der Fragebogen: Zielsetzungen und Intentionen** **46**
    5.3.1. Konzeptionelle Kriterien des Fragebogens   46
    5.3.2. Die Forschungsfragen und die Gestaltung des Fragebogens   47
        5.3.2.1. Geschlecht, Religion oder Alter   47
        5.3.2.2. Wer ist für Dich ein Vorbild?   48
        5.3.2.3. Frage 2: Wie soll ein Star sein, der/die ein echtes Vorbild ist?   50
        5.3.2.4. Frage 3: Jesus aus der Bibel – könntest Du ihn dir als Star vorstellen?   51

5.4. **Durchführung der Umfrage** **53**

5.5. **Darstellung der Ergebnisse** **54**
    5.5.1. Anzahl und schulische Zuordnung der Fragebögen   54
    5.5.2. Altersangaben   56
    5.5.3. Geschlechterverteilung   56
    5.5.4. Angaben zu Glaube und Religionszugehörigkeit   57
    5.5.5. Ergebnisse zu Frage 1: Wer ist für dich ein Vorbild?   59
        5.5.5.1. Gesamtüberblick Auswahl und eigene Vorschläge   59
        5.5.5.2. Geschlechtergetrennte Darstellung und Auffälligkeiten   59
        5.5.5.3. Die Lebensweltbereiche der eigenen Vorbildvorschläge   60
    5.5.6. Ergebnisse zu Frage 2: Wie soll ein Star sein, der/die ein echtes Vorbild ist?   63
        5.5.6.1. Gesamtdarstellung der Ergebnisse   63
        5.5.6.2. Geschlechtergetrennte Darstellung und Auffälligkeiten   64
    5.5.7. Ergebnisse zu Frage 3: Jesus aus der Bibel – könntest Du ihn dir als Star vorstellen?   66
        5.5.7.1. Unterscheidung nach reinen und gemischten Antworten   66
        5.5.7.2. Gesamtanzahl der Antworten   66
        5.5.7.3. Die Platzierung der Antworten   66
        5.5.7.4. Platzierung bei SuS „ohne Religion"   67

5.5.7.5. Platzierung bei „muslimischen" SuS	68
5.5.7.6. Gegenüberstellung argumentativ ähnlicher Aussagen	70
5.5.7.7. Auflistung der „Nein, weil…" Antworten	72
5.5.7.8. Auflistung der „Ja, weil…" Antworten	73
5.5.7.9. Die Antworten in geschlechtergetrennter Betrachtung	75
5.5.7.10. Klassen- und schultypbezogene Differenzen und Extreme	78

6. Auswertung und Schlussfolgerungen   80

6.1. Allgemeine äußere Auffälligkeiten der Studie	**80**
6.2. Zusammenfassung der inhaltlichen Ergebnisse	**80**
6.3. Religionspädagogische Gesamtauswertung und Schlussfolgerungen	**81**
6.3.1. „Glaube als Lebenshilfe" in jugendlichen Übergangsphasen	82
6.3.2. Mediale Erlösungs- und Heldenmotive als neue Zugänge zu Jesus	82
6.3.3. Auferstehungszweifel und kritische Distanz stärker aufgreifen	83
6.3.4. Notwendigkeit von Jugendarbeit und Schulseelsorge	83
6.4. Zwei strukturelle Entwürfe für die BRU – Praxis	**84**
6.4.1. Petrus, Jesus, Dieter Bohlen: Wer ist hier der Superstar?	84
6.4.2. „Lola rennt" – alles Zufall oder Nachfolge Jesu?	87

7. Schlussbemerkungen   90
8. Literaturliste   92
9. Anhänge

Anlage 1: Fragebogen

1. Einleitung

1.1. Motivation und Thematik

Die Motivation des Autors zum Thema dieser Arbeit besteht darin, dass sich aus seinen jahrzehntelangen privaten, beruflichen und ehrenamtlichen Erfahrungen Sinnbezüge zu konzentrieren begannen, die sich aus verschiedenen tiefenpsychologischen, pädagogischen und theologischen Themen zusammensetzten.

Es kristallisierten sich folgende Fragen heraus:

Warum faszinierten ihn als Kind und Jugendlichen Heldengeschichten und Filme und trennte dabei instinktiv in „gute" und „schlechte"?

Als Gemeindediakon wie auch später als Sozialpädagoge in der offenen Jugendarbeit und Erziehungsberatung beobachtete er die Faszination, die mediale Stars auf SuS ausübten - wie konnte mit diesem Phänomen konstruktiv umgegangen werden, sowohl als Sozialpädagoge wie als Religionspädagoge?

Als er Jahre später seiner kleinen Tochter Geschichten vorlas und ihr später Kinderbücher anbot, fragte er sich wieder neu: Worin ähneln oder unterscheiden sich biblische Überlieferungen (Motive aus Altem wie Neuem Testament) und mythische Erzählungen (Märchen, Sagen etc.) in der Verwendung ihrer Symbole?

Als Religionslehrer beschäftigte er sich später mit Symbolen, als Leiter einer Psychologie - AG intensiv mit Tiefenpsychologie: Was fasziniert Menschen an Filmen und Geschichten (oder Werbung, PC-Spielen usw.), wie wirken diese im guten oder schlechten Sinn – und wie kann dies religionspädagogisch eingeordnet werden?

Letztendlich konzentrierten sich diese Aspekte immer mehr in die Richtung:

Wie kann die frohe Botschaft Jesu Christi angesichts der heutigen medialen Einflüsse und aktuellen Lebenswirklichkeit verstanden und vermittelt werden?

Sind „alte" Motive und Symbole heute noch genauso gültig und vermittelbar angesichts des ganzen „Starkultes"?

Wie kann, soll oder muss heute von Jesus gesprochen werden?

1.2. Aufbau der Arbeit

In dieser Arbeit wird in der Umsetzung der in den schulischen Bildungsplänen seit 2004 geforderten Kompetenzorientierung für den Religionsunterricht an beruflichen Schulen eine besondere Herausforderung gesehen. Die SuS im BRU befinden sich in der Übergangssituation zur Lebenswelt „Arbeit und Beruf". Lebensweltorientierte Anknüpfungspunkte sind hier deshalb eine Notwendigkeit. Zudem wird zunehmend offenbar, dass lebensweltorientierte Berührungspunkte zwischen Jugend und Kirche fehlen. Dies ist umso bedauerlicher, weil Jugendliche durchaus Interesse an Religion haben (Kapitel 2.1. – 2.2.).

Es wird anhand verschiedenster Fachautoren aufgezeigt werden, dass die mediale Lebenswelt Jugendlicher religiöse Aspekte enthält, die lebensweltorientierte Anknüpfungspunkte im oben genannten Sinn bieten können (Kapitel 2.3. – 2.4.).
Nach einer Einführung in ein christliches Medienverständnis von Verkündigung (Kapitel 3.1.1. – 3.1.2.) wird exemplarisch analysiert, in welch überraschendem Maße im Medium Film kommerziell erfolgreich Mythen und Symbole verwendet werden, die durchaus religiöse Dimensionen aufweisen (Kapitel 3.1.3.).
Anhand von psychologisch-pädagogischer Fachliteratur aus der Jungenpädagogik werden zusätzlich aktuelle und problematische Tendenzen einseitiger medialer Vorbilder und Helden mit dem Schwerpunkt PC-Spiele benannt (Kapitel 3.2.).
Darauf aufbauend werden theologisch-religionspädagogische Aspekte zu Mythen und Symbolen behandelt. Im Kontext der medialen Wirkung und interdisziplinären Bedeutung von Campbells „Heldenreise" wird aufgezeigt, welche gegenseitigen Wechselwirkungen und Ergänzungen in christlicher Verkündigung, Tiefenpsychologie, Symboldidaktik, jugendlicher Lebenswelt und medialen Helden bzw. Vorbildern bzw. Stars erkannt werden können (Kapitel 4.1. – 4.2.).
Anhand des aktuellen medialen „Superstarkultes" werden die Erkenntnisse analytisch angewendet und dargestellt (Kapitel 4.3.).

Im Kontext von Medien und ihrem Helden- und Starkult wird Jesus als lebendiges Symbol formuliert (mit Bezügen zur Kirchengeschichte: Jesus als Gott; sowie Bezügen zur Moderne: Jesus als Mensch / Vorbild) um einen lebensweltorientierten Anknüpfungspunkt für SuS im BRU zu entwickeln (Kapitel 4.4.).

Auf diese Aspekte aufbauend wurde eine schulische Fragebogenaktion für BRU – SuS konzipiert mit der Fragestellung: „Wie nehmen vom Starkult beeinflusste BRU - SuS die Gestalt Jesu wahr?".

Dazu wurden zwei Fragen zu Vorbildern im Kontext von Stars entworfen; und mit der dritten Frage: „Jesus aus der Bibel – könntest Du ihn dir als Star vorstellen?" einige niederschwellige Ja / Nein - Antworten zur Auswahl vorgestellt, um Jesus mit heldentypischen bzw. mythisch-symbolischen Aspekten positiv benennen zu können, aber auch mit kirchenkritischen oder atheistischen Argumenten ablehnen zu können. Damit sollten traditionell theologisch formulierte religiöse Kategorien vermieden und neue Ansätze versucht werden, wie und ob die SuS Jesus mit den o. g. medialen Aspekten in Verbindung bringen können oder wollen
(Kapitel 5.1. – 5.4.).

Die Umfrage wurde vom 5. – 9. April 2011 im beruflichen Schulzentrum Emmendingen mit Unterstützung zweier evangelischer Religionslehrer durchgeführt.

Bei der Auswertung von 288 Fragebögen zeigte sich überraschenderweise eine deutliche Orientierung an individuell ausgewählten Vorbildern (Frage 1), ein genereller hoher christlich-ethischer Anspruch auch an Stars als Vorbild und eine deutliche Unterscheidung zwischen erfolgreichem Star und Vorbild (Frage 2) – also eine relativ geringe mediale Beeinflussung bezüglich Stars und Werten.

Bei den Antworten zu Frage 3 zeigte sich jedoch eine überwiegend große Bereitschaft, sich mit „Jesus als Star" (bzw. Motive als Held / Vorbild / Mensch) positiv auseinander zu setzen. Selbst ablehnende Antworten (meist Zweifel an Auferstehung / Kritik kirchlicher Praxis) ergaben Hinweise, wo mit Jesus lebensweltorientierte mediale Anknüpfungspunkte erstellt werden sollten. (Kapitel 5.5.)

Bezogen auf den BRU wurden in vier Schlussfolgerungen Anknüpfungspunkte formuliert: (Kapitel 5.6.)
a) Glaube als Lebenshilfe
b) Neue religionspädagogisch - mediale Zugänge zu Jesus mit Bezügen zu Erlösungsmotiven und Vorbilder- / Heldenthematik
c) Thema Auferstehungszweifel und Jesus für Atheisten
d) Notwendigkeit von Angeboten kirchlicher Jugendarbeit und Schulseelsorge speziell für berufliche Schulen.

2. Religionsunterricht an beruflichen Schulen

2.1. Schulische Bildung als Erlernen von Kompetenzen

a) Kompetenzbedarf Jugendlicher

Zu den bereits vor Jahrzehnten festgestellten soziologischen Faktoren „Individualisierung" und „Pluralisierung" des Lebens in unserer Gesellschaft[1] beschreibt die aktuelle Fachliteratur viele neue Faktoren, welche Jugendlichen zunehmend besondere soziale und fachliche Kompetenzen abverlangen. Als derartige Faktoren werden (u. a.) genannt: Veränderungen der Arbeitswelt hin zu Flexibilität und lebenslangem Lernen[2], sowie eine Verlängerung der Jugend- und Orientierungsphasen[3].

Dies verlangt hohe fachliche Kompetenzen für eine intensive Nutzung von Medien (insbesondere Internet) für Information, Freizeit und Beruf[4], und hohe soziale Kompetenzen zur Bewältigung von Zukunftsängsten bzgl. Arbeit und Umwelt[5].

Als Folgerisiken derartiger Belastungen werden u. a. jugendliche Tendenzen zu Depression oder Aggression, physische Krankheitssymptome oder Flucht in virtuelle Welten (z. B. PC-Spiele) genannt[6].

b) Oft wird zudem geschildert, dass in Deutschland soziale Herkunft stärker über die schulische und berufliche Bildung bestimme als im übrigen Europa[7].

Sozial benachteiligte Jugendliche wären dann von oben geschilderten Anforderungen und Risiken in besonderer Härte betroffen, da sie weniger Zugang zu Bildungs- und Förderangeboten haben[8]. Da in beruflichen Schulen (und daher auch im BRU) aus arbeitsmarktpolitischen Gründen ein gewachsener Anteil an sozial benachteiligten SuS vorkommt[9] (z.B. in BVJ u. ä.), sollte dies für BRU - Konzeptionen besondere didaktische Auswirkungen haben.

---

[1] Vgl. **Beck**, 1986; vgl. hierzu **Oesselmann / Rüppell / Schreiner**, 2008, S.10
[2] **Konsortium Bildungsberichterstattung**, 2006, S.10ff
[3] **Hurrelmann**, 2010, S.1
[4] Vgl. **ARD/ZDF-Online-Studie 2009**
[5] Vgl. **Konsortium Bildungsberichterstattung**, 2006, S.5: „......der Angstpegel steigt...."
[6] Hierzu **Hurrelmann**, 2010, S.2
[7] **Autorengruppe Bildungsberichterstattung**, 2008, S. 15 / 17
[8] Vgl. Forderung nach Niederschwelligkeit vieler Angebote für Jugendliche, bei denen die Sozialräume besser geachtet werden sollen in: **Handreichung des Rates der EKD**, 2010, S.35
[9] Vgl. hierzu z. B. **Breitmaier** 2010, S.28: Berufsschule als „Versorgungs- und Parkangebot für Jugendliche ohne Ausbildungsplatz", auch S.43 / 45; vgl. ebenso **Howohlt / Kaiser** 2009, S.13-26

c) Kompetenzen durch lebensweltorientierte Bildung und informelles Lernen
Seit 2004 gelten in Baden-Württemberg neue Bildungspläne, in denen u. a. die Orientierung an zu erwerbenden Kompetenzen konzeptionell betont ist[10]. Insgesamt wurde darauf abgezielt, eine verbesserte Anwendungsfähigkeit von Wissen in den Blick zu bekommen – ein Bildungsbegriff, der offensichtlich mehr lebensweltorientierte Aspekte als bisher aufgreift[11]. Mehr Lebensweltorientierung in der Bildung wurde in der Fachliteratur bereits Anfang 2000 mit dem Begriff „informelles Lernen" (in sozialen Kontexten wie Familie, Netzwerken wie Nachbarschaft, Vereinen etc.) als eine bisher vernachlässigte „Grundform menschlichen Lernens…"[12] benannt und gefordert.

Schulische Bildung fordert seit 2004 insgesamt eine größere Lebensweltorientierung mit lebenspraktischen Kompetenzen, dies gilt besonders für den BRU mit seinen SuS im Übergang zur Berufs- und Arbeitswelt, um Glaube als Lebenshilfe erfahren zu können. Im nächsten Kapitel wird es deshalb um das derzeitige Verhältnis Jugendlicher zu Religion und Kirche gehen, um Anknüpfungspunkte für SuS im BRU entwickeln zu können.

2.2 Aktuelle Forschungsergebnisse zu Religion, Jugend und Kirche
Laut der neuesten **Shell-Jugendstudie 2010** spielt Religion bei Jugendlichen in den alten Bundesländern nur eine „mäßige Rolle", es gibt eine steigende religiöse Unsicherheit[13]. Hinzu kommt eine allgemeine Lebenssituation Jugendlicher, die bezüglich ihrer beruflichen und lebensgestalterischen Perspektiven als immer unsicherer und schwieriger gilt[14]. Die Reaktionen von gefährdeten oder überlasteten

---

[10] Z.B. Bildungsplan Hauptschule 2004, S.12 mit diversen Kompetenzkriterien
[11] vgl. **Hartnuß** 2005, S.48 / 49. Er forderte: „Bildung muss Lebensführungs- und Bewältigungskompetenz vermitteln"; und formulierte einen Bildungsbegriff, der mehr als verwertbare Leistung und Wissensvermittlung beinhaltet: „Pädagogische Institutionen sind…gefordert, Arrangements zur Verfügung zu stellen, die es ermöglichen, dass in der nachwachsenden Generation Bereitschaft und Fähigkeiten zur Übernahme von Verantwortung für das Gemeinwesen und zur aktiven Beteiligung an der Gestaltung des sozialen, kulturellen und polutischen Lebens entwickelt werden."
[12] **Dohmen** 2001, oder **Overwien** 2005, **Rauschenbach** u.a. (Hrsg): Informelles Lernen im Jugendalter, Weinheim 2007, Anmerkung: 70 % aller menschlichen Lernprozesse finden außerhalb der formellen Bildungsinstitutionen statt.
[13] Hierzu **Jung** 2010, S.15: „…viele Eltern erziehen ihre Kinder nicht mehr religiös."
[14] vgl. **16. Shell Jugendstudie**, S. 16 / 17 / 18 / vor allem S.38: „Die Lebensphase Jugend ist zu einem Abschnitt der strukturellen Unsicherheit und Zukunftsungewissheit geworden. Mädchen und Jungen treten in diesen Lebensabschnitt wegen der sich immer noch vorverlagernden Pubertät immer früher ein, sie erhalten aber immer weniger Gelegenheit, ihn relativ frühzeitig auch wieder

Jugendlichen reichen von den in Kapitel 2.1.erwähnten jugendlichen Tendenzen zu Depression oder Aggression, bis hin zu physischen Krankheitssymptomen oder Flucht in virtuelle Welten (z.B. PC-Spiele) – es wird aber trotzdem in der Fachliteratur überraschenderweise auch von einem allgemein hohen sozialen Engagement[15] gesprochen.

Zu diesem hohen sozialen Engagement Jugendlicher passt analog die Beobachtung kirchlicher Jugendarbeiter und Theologen, dass es trotz der geringeren religiösen Bindung an Institutionen wie Kirche (s. Shell-Studie) ein wachsendes „Interesse an Spiritualität"[16] bei Jugendlichen gebe: „Religion interessiert wieder."[17].

Allerdings darf dies nicht mit regem Gottesdienstbesuch[18] oder Kirchennähe missverstanden werden, weil die Kirchen in unserer Gesellschaft (also nicht nur für Jugendliche) einfach kein Monopol mehr für religiöse Sinnfragen besitzen.

So schreiben **Oesselmann / Rüppell / Schreiner**: „Religion hat weiterhin eine wichtige Bedeutung für den überwiegenden Teil der Menschheit...Allerdings wird die religiöse Suche in einer pluralen Welt zumeist individuell, unabhängig von verfassten Religionen, bestimmt."[19] / [20]

Gräb beruft sich in diesem Sinne in seinem Buch „Sinn fürs Unendliche" auf den (fast) vergessenen deutschen Journalisten **Bry** sowie den berühmten Theologen **Tillich**, die bereits um 1930 versucht hätten, die sich bereits damals verändernde Rolle der Religion in der Gesellschaft zu beschreiben: „In der modernen Gesellschaft verschwindet das Religiöse nicht....Die Kirchen verlieren...nicht so sehr an

---

zu verlassen und in die traditionelle Rolle des Erwachsenen überzugehen.", s. auch S.204-207 zu den Gottesvorstellungen Jugendlicher

[15] **Schönig** 2008, S.136
[16] **Jung-Hankel** 2010, S.82
[17] **Kunstmann** 2010, S.12
[18] In diesem Sinne bietet einen treffenden und kritischen Kommentar zum Gottesdienstbesuch : **Ebeling**, Das Wesen des christlichen Glaubens, S.10f., Freiburg 1993, in: **Kunstmann** 2010, S. 108: „...Es gehört eine ziemliche Portion guten Willens dazu, angesichts des durchschnittlichen Predigtgeschehens nicht gelangweilt oder zornig, sarkastisch oder tieftraurig zu werden. Was wird landauf landab für ein Aufwand für die Verkündigung des christlichen Glaubens betrieben! Aber ist es nicht – von Ausnahmen abgesehen – institutionell gesicherte Belanglosigkeit?"
[19] **Oesselmann / Rüppell / Schreiner** 2008, S.10, dazu auch **Schröder** 2001: „Knapp zusammengefasst: Religionszugehörigkeit und religiöse Sozialisation und Erziehung Jugendlicher sind in (West-) Deutschland noch immer christlich geprägt. Im Schulalter ist weniger eine dezidierte Abwendung von Religion auszumachen als vielmehr Unentschlossenheit und die Gleichzeitigkeit ungleichzeitiger Orientierungsmuster...Qualitative Studien zeigen: Jugendliche lassen einen eigenwilligen Gebrauch und ein eigensinniges Verständnis von Religion erkennen, die beide in ihren Ausdrucksformen kaum noch an theologischen Wissensbeständen und Sprachmustern geschult sind."
[20] So auch **Graf** 2004, S.18: „Religiöse Homogenität, das zumindest offiziell einheitliche Glaubensbekenntnis der Bevölkerung eines Territoriums, ist zum Ausnahmefall geworden. In aller Regel sind moderne Gesellschaften religionspluralistisch."

institutioneller Präsenz und organisatorischem Einfluss, aber an der Kraft, die symbolische Ordnung, das objektive Sinngefüge, die moralische Orientierung und das grundlegende Daseinsverständnis im alltäglichen Leben großer Massen zu repräsentieren und zu vermitteln."[21]

In der Herbstsynode der Bad. Landeskirche 2010 wurden die Ergebnisse der bedeutenden „Sinus-Milieu-Forschung" behandelt[22]; welche belegen, dass viele kirchliche Mitglieder (vgl. Aspekt Lebensweltorientierung in der Bildung Kapitel 2.1) nicht mehr erreicht werden[23].

Dies gilt umso mehr für Jugendliche, wie sie im KU (bisher) noch erreicht werden; aber **Jung** kritisiert, dass auch dort die „Fragen und Themen" der Jugendlichen oft nicht vorkommen würden.[24]

Damit bestätigt er eine mangelnde Lebensweltorientierung im kirchlichen Raum, wie sie bereits im Kontext von schulischer Bildung benannt wurde.

Nach **Jung-Hankel** lässt sich dennoch für den RU eine große Chance ableiten: "In der Schule werden…Kinder und Jugendliche erreicht, die ohne Bezug zu Glauben und Kirche aufwachsen."[25]/[26] Dies gilt umso mehr für SuS im BRU (vgl. Kapitel 2.1.), die sich im Übergang zur Berufswelt befinden - oftmals ohne religiöse oder kirchliche Bezüge bzw. Kontakte. Diese SuS können im BRU unter Umständen zum letzten Mal intensiv erreicht werden.

Die genannten Aussagen bestätigen die Erkenntnisse aus Kapitel 2.1. über die dringend notwendige Entwicklung lebensweltorientierter Anknüpfungspunkte für den BRU gerade auch für kirchenferne Jugendliche.

2.3. Anknüpfungspunkt Medienwelt Jugendlicher und Religion

Schweitzer weist auf einen derartigen Anknüpfungspunkt hin, indem er das in Kapitel 2.2. erwähnte grundsätzliche Interesse an Religion bei Jugendlichen aufgreift und dann ausführt: „Viele Jugendliche, die mit der Kirche nichts am Hut

---

[21] **Gräb** 2002, Sinn fürs Unendliche, S.15
[22] Zu den Auswirkungen s. auch **Schönig** 2008, S.78
[23] Vgl. **Corsa** 2006, Stichwort Erosionsprozess bzw. strukturelle Problematiken in der Kirche
[24] **Jung** 2010, S. 17
[25] **Jung-Hankel** 2010, S.82
[26] „**Kirche und Jugend- Handreichung des Rates der EKD**" 2010, selbstkritisch bekennt der Rat der EKD auf S.75: „Sozial benachteiligte Jugendliche finden zu manchen kirchlichen Angeboten kaum Zugang."

haben wollen, finden Religion und religiöse Fragen trotzdem wichtig und interessant. Es ist kein Zufall, dass die von Jugendlichen präferierte Kultur – Musik, Filme und Literatur – voller religiöser Bezüge ist. Auch die Werbung hat die religiöse Ansprechbarkeit Jugendlicher bekanntlich längst erkannt und nutzt sie intensiv für ihre Zwecke."[27].

Schweitzer benennt damit die mediale Alltagswelt inklusive der Werbung als einen lebensweltorientierten Anknüpfungspunkt für Religion.[28]

Nicht nur auf Jugendliche bezogen konstatieren **Oesselmann / Rüppell / Schreiner**: „Die Prophezeiung vieler Religionswissenschaftler und -soziologen, dass Religion zunehmend unbedeutender würde, hat sich nicht bewahrheitet. Die ‚Wiederkehr der Götter' (F.W. Graf) bringt auf den Punkt, dass religiöse Glaubensformen und Sprachmuster in vielerlei Transformationen erstaunlich lebendig sind."[29]

Damit wird klar, dass religiöse Aspekte manchmal in unerkannter Gestalt („Transformationen") in der Lebenswelt vorkommen.

Graf, auf den sich (s. o.) **Oesselmann / Rüppell / Schreiner** beziehen, hat in der Tat sich bereits 2004 intensiv mit der „Wiederkehr der Götter" auseinandergesetzt: Er beschreibt einen Verlust an Mythen in der modernen Gesellschaft[30], denn seit der Aufklärung habe die „…moderne Wissenschaft das Bild des Menschen und seiner Welt von allen mythologischen Resten befreit…". Durch die Industrialisierung und ihr „…technisches Weltverständnis und praktische Naturaneignung…" habe sie „…alle überkommenen magischen Elemente ausgeschaltet…"[31]

Laut **Graf** ist jedoch seit Jahren eine Wiederkehr von religiösen Aspekten zu beo-

---

[27] **Schweitzer** 2009, S.2; dazu z. B. auch **Bickelhaupt / Böhm/ Buschmann** bereits 2001, S.1 in einem Aufsatz mit der Zwischenüberschrift „ Religion in der audiovisuellen Popkultur: unterwegs zu einer lebenswelt-orientierten Religionspädagogik": „…Massenmediale Inszenierungen wie exemplarisch die Werbung, die stets zwischen Kontinuität und Diskontinuität bzw. Aktualität oszilliert, können nicht nur als Religionsäquivalente entdeckt werden, sondern können auch oft ungeahnte Wiederentdeckung, Re-Lektüre und Re-Inszenierung christlichen Traditionsguts ermöglichen, - gerade weil sie kontinuierlich unser kulturelles Erbe aktualisieren und verfremden." Sie verweisen u. a. auch auf mehr als ein Dutzend religionspädagogischer Arbeiten zu diesem Themenbereich.

[28] **Gräb** 2002, S.81:„Es kann die Suche nach Motiven des Religiösen in den Medien, in der Literatur, in Filmen, in Popsongs, in der Werbung und vielem mehr durchaus die erneute Freilegung auch des existenziell-religiösen Sinnpotentials der biblischen Überlieferungen und kirchlichen Glaubenslehren befördern. Die verlockenden Botschaften der Werbung, die spannenden Geschichten, die Romane oder Filme erzählen, können zurückverfolgt werden in biblische Motive und Sinngeschichten….das eben hat ja die Werbe- und Kulturindustrie gemerkt."

[29] **Oesselmann / Rüppell / Schreiner** 2008, S.11

[30] Vgl. hierzu kritisch **Bultmanns** Begriff der „Entmythologisierung" auch in der Theologie

[31] **Graf** 2004, S.55

bachten: „Die zeitgenössische Popmusik lebt...stark von Sakralzitaten, Erlösungsmotiven, Heilsheroen und androgynen Engelswesen(,)....nie zuvor in der Religionsgeschichte ist der Himmel von so vielen Schutzengeln bewohnt gewesen wie im Kino der letzten zwanzig Jahre."[32] In der Gestalt des jugendlichen Zauber-Helden Harry Potter sieht er eine „...populäre Medialisierung alter religiöser Symbolwelten..."

Auch **Schramm** benennt 2007 eindrücklich mehr als ein Dutzend bedeutender kommerzieller Filme, die deutlich religiöse Elemente aufgreifen[33] (darunter „Star Wars" und „Herr der Ringe" - dazu mehr in Kapitel 3.1.3. und Kapitel 4 im Kontext von medialem Aufgreifen von Mythen und archetypischen Symbolen).

2.4. Schlussfolgerungen aus Kapitel 1 für den BRU

Die von der schulischen Bildung erhobenen lebensweltorientierten Kompetenzen und Aspekte informellen Lernens korrelieren mit der Notwendigkeit, besonders für SuS im BRU lebensweltorientierte Anknüpfungspunkte herzustellen.

Der BRU könnte eine Chance sein, kirchliche Zugänge zu nicht mehr erreichten Milieus zu finden.

Von verschiedenen Autoren und Quellen wurden in diversen säkularisierten Medien religiöse Bezüge und Dimensionen erkannt (Symbole, Motive), sowie ein gewisses religiöses Grundinteresse bei Jugendlichen bestätigt. In der Auseinandersetzung mit Medien und den darin enthaltenen Mythen und Symbolen müssten sich konkrete religionspädagogische Anknüpfungspunkte finden lassen, um die SuS im BRU in ihrer medialen Lebenswirklichkeit zu erreichen.[34]

Daher werden im nächsten Kapitel verschiedene Aspekte von Medien behandelt: Ein christlich-theoretisches Verständnis von Medien (3.1.); den konkreten inhaltlichen Einfluss von Medien an Beispielen aus der Jungen-Pädagogik (3.2.); sowie konkrete religiöse Bezüge in bekannten und erfolgreichen Filmen (3.3.).

---

[32] Ders.: S.60-61
[33] **Schramm** 2007: „Die leise Sehnsucht nach einem ‚Dahinter'. Zur Wiederkehr des Religiösen auf dem Markt der Unterhaltungsfilme"
[34] Vgl. **Gräb** 2002, S.17: „Wie ist in der Mediengesellschaft sinnvoll vom Gott des christlichen Glaubens zu reden, von Sünde und Schuld, von Rechtfertigung und Gnade?"

3. Bedeutung von Medien aus christlicher und pädagogischer Sicht

3.1. Medien im christlich - religiösen Kontext

3.1.1. Medien als Bestandteil christlicher Verkündigung

Unsere Medien (im Wesentlichen gemeint: AV-Medien) stehen immer wieder in der Kritik, inwiefern sie Menschen, besonders Kinder und Jugendliche mit hohem Medienkonsum, manipulieren oder schädigen[35]. Es stellt sich die Frage: In welcher Beziehung stehen Medien und christliche Verkündigung?[36]

Eine in diesem Kontext sehr integrative Antwort bietet ein Text, der im Rahmen des Grundthemas „Christliche Publizistik" den Aspekt Medien behandelt:

„Man könnte die christliche Religion als die erste, vielleicht sogar als die einzige Medienreligion der Weltgeschichte ansehen, insofern sie sich vor allem in den ersten Jahrhunderten weniger durch Gruppen oder Organisationen (als Stamm, Volk oder Imperium), vielmehr überwiegend als medialer Kommunikationsprozess...verbreitet hat....Sie hat keinen anderen Zweck, als eine spezifische, positive Deutung menschlichen Lebens über alle Welt auszubreiten, eine Deutung, die offenbar vor allem dadurch beeindruckt, dass sie ausnahmslos allen Menschen Wert zuspricht und deshalb auch alle anspricht und prinzipiell alle und überall in das Kommunikationsgeschehen einbezieht."[37]

Der Autor und Theologe **Schmidt-Rost** nennt damit für den Kontext dieser Arbeit wichtige Aspekte: Er betont die Dimension eines medialen Kommunikationsprozesses, der die Rezipienten mit einbezieht. Hier lässt sich Lebensweltorientierung erkennen (vgl. Kapitel 2.4.), denn die wirkungsvolle urchristliche Verkündigung förderte die Tendenz „...immer wieder eigene, besondere Medien zu entwickeln, bezogen zwar auf vorliegende Formen, aber diese jeweils nach Vorstellungen abwandelnd, die sich aus dem christlichen Glauben ergaben."[38]

Interessanterweise ergibt sich damit eine Einheit von inhaltlicher Botschaft und Medium in kommunikativem Prozess einer Lebendigkeit, die im authentischen Sinne befreiend wirkt– dazu gehört in Ableitung der in dieser Arbeit benannten

---

[35] vgl. z. B. **Pfeiffer:** „Computerspielabhängigkeit im Kindes und Jugendalter", 2009 Forschungsbericht Nr. 108, Kriminologisches Forschungsinstitut Niedersachsen e. V., 2009;
[36] dazu sehr passend **Drewermann** 1989, S. 573: „Es ist jederzeit möglich, aus Worten des Heils Zwangssysteme des Unheils abzuleiten,..." (aus: Das Markus - Evangelium)
37 **Schmidt-Rost** 2005. S.9ff.
[38] Ebd., S.10

Aspekte konsequenterweise auch die Orientierung an der Lebenswelt (konkret z. B. in Sprache, Medien, Symbolen) der Rezipienten.

Schmidt-Rost (als Professor im Fachbereich christlicher Medien) spricht damit auffälligerweise genau den gleichen Aspekt der Lebensweltorientierung an, wie er sich in den schulischen Bildungsplänen mit ihren Kompetenzorientierungen abbildet – damit bestätigt er den Abknüpfungspunkt Medien als lebensweltorientierten Bestandteil auch in gelingender christlichen Verkündigung. Daraus lässt sich eine legitime Arbeit mit der Vielfältigkeit von Formen (Symbolen) und Medien auch und gerade für den BRU ableiten.[39] Medien gehören in diesem Sinne zur Verkündigung der christlichen Botschaft dazu, ebenfalls der kommunikative Aspekt von Lebenswirklichkeit.

3.1.2. Medien in Reformation und postmoderner Gesellschaft

Mit dem Theologen **Gräb** können o. g. Aspekte von 3.1.1. nahtlos weitergeführt werden. Nach **Gräb** verliert die kirchliche Verkündigung nicht nur ihre Wirkung, sofern sie nicht originär im o. g. Sinne kommuniziert, sondern wird sogar verdrängt, weil die brachliegenden Bedürfnisse der Empfänger von anderen Botschaftern aufgegriffen und ausgenutzt werden können: „Wesentliche Sinngehalte des Christentums werden nun durch Medien symbolisch repräsentiert und vermittelt."[40]. Er führt weiter aus, dass „…„Marketingstrategen, Modedesigner, Filmemacher und Event - Präsentatoren…die religiöse Ansprechbarkeit der Zeitgenossen längst bemerkt…." haben.[41] **Gräb** bringt damit (provokant) die im Zusam-

---

[39] Zum Aspekt lebendiger Kommunikation im Einklang von Lebensweltorientierung noch einmal **Schmidt-Rost 2005,** S.11 / 12: „Im Anschluss an die Heiligen Schriften des Volkes Israel wurde ein Bündel von Texten als heilig erklärt, kanonisiert, das gerade die Vielstimmigkeit als ein zentrales Kennzeichen an sich trug. Aus vieler Zeugen Mund wurde in diesen 27 einzelnen Schriften der Eindruck wiedergegeben, den Jesus von Nazareth bei seinen Mitmenschen hervorgerufen hatte, und den diese in kulturell und politisch völlig unterschiedlichen Lagen an andere Menschen weitergegeben hatten. Diese Vielstimmigkeit erleichterte später die immer neue Anregung der Kommunikation über das Grundgeschehen und den Gehalt der Botschaft als ein wesentliches Merkmal des christlichen Glaubens trotz aller organisatorischen Verfestigungen, im Gegensatz etwa zu Religionen, die sich nur durch persönlich-orale Zeugnisse fortpflanzten…Das Interesse an den Medien der Kommunikation gehört somit wesentlich zur Christenheit…In der Gegenwart mit ihrer Dominanz der elektronischen Medien wird von vielen behauptet, die Kirche habe ihre medienprägende Kraft verloren. Christen könnten sich nur noch reaktiv fragen, welche aus dem reichhaltigen Angebot moderner Medien sie nutzen könnten, um ihren Auftrag zur Kommunikation des Evangeliums zu erfüllen. Diese defensive Haltung passt aber ganz und gar nicht zu der Jahrhunderte währenden Führerschaft der christlichen Kirchen als Medium und in den Medien, und zwar auch in Zeiten, in denen Christen keinen Anteil an politischer Macht hatten."
[40] **Gräb** 2002, S.40
[41] Ders., S.78

menhang mit der in Kapitel 2.2. erwähnte Kirchenferne mit dem gleichzeitig vorhandenen religiösen Interesse in der Gesellschaft miteinander in Verbindung.

Mit eigenen Worten: Audiovisuelle Medien vermitteln (sogar erfolgreich!) Botschaften und Sinngehalte unter Einsatz religiöser Symbole und Motive, während gleichzeitig die traditionelle Verkündigung religiöser Institutionen deutlich an Bindungskraft verliert (vgl. Kapitel 2.4 / 3.1.1.).

Mit **Gräb** lassen sich die in 3.1.1. gemachten Erkenntnisse von christlicher Verkündigung und Medien sowohl anwenden, als auch in weitere Zusammenhänge bringen: „Die Reformation war nicht zuletzt ein Medienereignis und hätte ohne die neuen Medien, die Druckmedien, kaum ihre kulturstürzenden Wirkungen entfalten können. Die neuen Druckmedien schufen eine ganz neue Öffentlichkeit. Sie waren entscheidend an der Herausbildung des neuzeitlichen Individualismus und Pluralismus beteiligt."[42]

Seine offenkundigen Bezüge auf Ulrich Becks „Individualismus und Pluralismus"(1986) bestätigen die kommunikativ-offenen Aspekte von Christentum und Verkündigung (vgl. Schmidt-Rost) und lassen damit eine verblüffende Schlussfolgerung zu: Der Reformation gelang ein Wiederfinden bzw. eine Rückbesinnung auf die frohe Botschaft mithilfe von (damals) neuen medialen Mitteln!

Übertragen gesehen: Die neuen Medien trugen zur Befreiung der institutionalisiert - eingeengten Botschaft bei, und diese fand zu ihren ursprünglichen und erwähnten Kommunikationsaspekten zurück.

Gräb bestätigt mit einer weiteren Textstelle die in dieser Arbeit analysierten Kontexte: Religion behält mit kommunikativen Medienaspekten nicht nur ihren Sinn, sondern kommt damit wieder zu ihrer ursprünglichen Menschennähe zurück, um als lebensnah erfahrbar zu bleiben: „Sie erschließt uns die letzten Zwecke unseres Daseins und strukturiert die Sinn- und Verhaltensmuster, die uns zur Bewältigung der Krisen in den Sozialbeziehungen und individuellen Lebensbeziehungen verhelfen."[43]

Die Bedeutung der Medien als Anknüpfungspunkt und Wiederfindung bestätigen daher den Ansatz dieser Arbeit, sich mit der medialen Lebenswelt Jugendlicher auseinanderzusetzen.

---

[42] Ders., S.163
[43] w.o.

Weitergeführt bedeutet dies: **Gräb** erwähnt Druckmedien im Kontext von Protestantismus und neuzeitlicher Kommunikation. Dies sollte einen mutigen „evangelischen" Umgang mit Medien legitimieren - heute auch mit audiovisuellen Medien.

Mit **Schmidt-Rost** und **Gräb** wurde herausgearbeitet, wie ein originär verstandenes („protestantisches") Medienverständnis Lebensweltorientierung in lebendiger Kommunikation bieten kann, mit anderen Worten:
Eine quasi reformatorische Rückbesinnung auf die wesentlichen Dimensionen der frohen Botschaft mit Hilfe von Medien. Dies bedeutet eben nicht, sich lediglich einem Zeitgeist anzupassen, sondern im Gegenteil verlorene Wege und Zugänge wieder zu finden. Somit wird ein fruchtbarer Kreis von bisher oft wenig miteinander verbundenen Thematiken geschlossen, der ungewöhnliche und neue Perspektiven für einen BRU eröffnen kann, der die mediale Lebenswelt Jugendlicher aufgreift.

3.1.3. Religiöse Dimensionen in säkularisierter Medienwelt

Nachdem nun zahlreiche Bezüge und Zusammenhänge von christlicher Verkündigung und Medien sowie Religion dargelegt wurden, werden nun die religiösen Aspekte (festgestellt s. Kapitel 2.3.) in der säkularen Medienwelt sowohl mit christlichen wie auch weltlichen Autoren vertieft.
Der Medienpädagoge **Franz Josef Röll** stellte in seinem Werk „Mythen und Symbole in populären Medien" bereits 1998 detailliert dar, wie sehr in Werbung, Videoclips (damals z. B. Michael Jackson, Madonna usw.), Musik und erfolgreichen Filmen (z. B. Indiana Jones / Terminator 2) aufgrund der Verwendung von mythischen Bezügen und Symbolen religiöse Dimensionen eingesetzt werden.
Eine derart umfangreiche Darstellung kann in dieser Arbeit nicht stattfinden, eine Beschränkung ist notwendig. Deshalb wurden beispielhaft einige kommerziell höchst erfolgreiche und Kinofilme ausgesucht, aufgrund derer Verbreitung die Handlung als bekannt vorausgesetzt wird (Harry-Potter, Star Wars, Herr der Ringe) oder kurz darstellbar sind (Lola rennt).[44][45]

---

[44] Beispiele: **Schramm** 2007 benennt sehr viel mehr Filme mit religiösen Motiven als hier darstellbar, **Vasel** 2010 analysiert ausführlich in „Religiöse Dimensionen der Kulturindustrie" christliche Motive in „Ben Hur" und „Titanic".
[45] PC-Spiele wären höchst interessant zu analysieren – sie sind jedoch höchst unterschiedlich verbreitet und nicht jedermann gleich bekannt und sind aufwendig zu beschreiben. Sie werden aber in

3.1.3.1. Religiös-christliche Heldenaspekte bei Harry-Potter

Bereits in Kapitel 2.3 stellte **Graf** in Personen und Handlungen bei Harry Potter eine„…populäre Medialisierung alter religiöser Symbolwelten…"[46] fest. Dies wird durch den Theologieprofessor **Hauser** in einem Artikel einer katholischen religionspädagogischen Arbeitshilfe bestätigt. Er belegt ausführlich dass bei Harry Potter Motive der mythologischen „Heldenreise" nach **Joseph Campbell** vertreten sind[47] **Hauser** bemerkt u. a. „Ähnlichkeiten" zwischen Held und Antiheld und spricht vom „kosmischen Konflikt" zwischen weißer und schwarzer Magie, bei der am Ende Liebe „…die ausschlaggebende Macht sein…" wird.[48]

Eigene beispielhafte Ergänzungen zu Harry Potter: Zur „Heldenreise" nach Campbell gehören beispielsweise auch die den Helden auf seiner Entwicklungsreise beistehenden Freunde (Ron, Hermine) und Mentoren (Dumbledore, Hagrid, Sirius Black usw.), sowie die Entwicklung der eigenen Fähigkeiten (Besenreiten, Turniere) und magischen Kräfte (vgl. „Expector-Patronus" - Schutzmagie, Verwandlungen, Sprechen mit Schlangen usw..).

Im Motiv „Liebe als kosmische Macht" (Hauser) zeigen sich m. E. zusätzlich deutlich christliche Erlösungsaspekte; und in der „Ähnlichkeit" von Held und Antiheld wird Versuchungspotenzial benannt, denn Harry Potter hätte die „böse Zaubererseite" wählen können (z. B. in das Haus „Slytherin" gehen / Ähnlichkeit der Zauberstäbe). Auch könnte hierzu mühelos das biblische Pendant der Versuchung Jesu (Mt 4, 1ff.), oder z. B. das Potenzial von 12 Legionen Engel, um der Kreuzigung zu entgehen (Mt 26.53) als biblischer Vergleich genannt werden.

3.1.3.2. Religiöse Aspekte in den „Star-Wars" – Filmen

In den „Star-Wars-Filmen" (1977-2006) lassen sich mythologische Dimensionen aufzeigen, die **Schramm** sogar als ein eigenes „Religionssystem" bezeichnet – die filmischen Helden „Jedi-Ritter" tauchen nach **Schramm** sogar als eigene Religion in Umfragen auf. Deren Segenswunsch „Möge die Macht mit Dir sein!" vergleicht **Schramm** mit biblischen Stellen (Sam 20,13; Lk 1,26; Mt 28,20).[49]

Kapitel 2.2. kurz anhand ihrer Auswirkungen bzw. Einflüsse aus Sicht der Jungen-Pädagogik aufgegriffen (Fokus auf Vorbilder / Heldenmotive).
[46] S. Fußnote 33 dieser Arbeit
[47] **Hauser** 2004, S. 144 – 155; die Heldenreise nach Campbell wird von o. g. **Röll** 1998, S.152ff. ausführlich behandelt, in Kapitel 3.1. dieser Arbeit wird darauf eingegangen.
[48] Ders., S.153
[49] **Schramm** 2007, S.6 – 9, dieses Zitat S.9

Dahlbüdding erläutert u. a. wichtige, eindeutig christliche Motive, z. B. Erlösungsmotive: „Bei den Begegnungen zwischen Luke und Darth Vader zitiert Lucas filmisch die Versuchungspassagen des Neuen Testaments. Hierbei ist Darth Vader der Teufel, der Luke mehrfach die Herrschaft über das Universum anbietet, falls dieser sich zum Bösen bekehre….In der letzten Episode der Filmreihe wird im Showdown einmal mehr Luke als Allegorie des Erlösers Jesus Christus deutlich…. Im Kampf mit dem Imperator lässt er sich brutal quälen, ohne selbst mit Gewalt zu antworten... Luke handelt hier entsprechend der Botschaft des NT, speziell auch der Bergpredigt…Dieses gewaltfreie Verhalten führt schließlich dazu, dass Darth Vader seinen Sohn verteidigt und den Imperator tötet. Damit kehrt er zur guten Seite zurück und wurde durch seinen Sohn erlöst."[50]

Dahlbüdding nennt des weiteren Motive von Tod und Auferstehung: „Die Jedi-Meister Yoda, Obi Wan Kenobi und Anakin Skywalker erstehen am Ende der Filmreihe insofern auf, da sie Luke, geisterhaft…, erscheinen…"

Eigene Ergänzungen zum Aspekt Tod und Auferstehung: Im ursprünglich ersten Teil der Hexalogie opfert sich Obi Wan Kenobi im Duell mit Darth Vader scheinbar sinnlos – dies erinnert durchaus an den Opfertod Jesu. Später jedoch kann Obi Wan als Stimme bzw. Erscheinung dem jungen Luke Skywalker beistehen und z. B. Hinweise zur Zerstörung des Todessterns geben – dies erinnert an alttestamentliche Prophetie (Moses, Elia, Samuel, Jesaja) mit ihren Auditionen oder Visionen; aber auch an die Erscheinung des Auferstandenen oder den Wirkungen des Heiligen Geistes im Neuen Testament.

Dahlbüdding erwähnt noch weitere christliche Motive, wie z. B. die „Jungfräuliche Empfängnis"(Anakin Skywalker) und etliche Begegnungen in der Wüste, die in ihren Szenerien alt- und neutestamentliche Bezüge aufweisen würden. Sie urteilt zusammenfassend: „…Die christlichen Motive haben…eine zweifache Wirkung. Zum einen verleihen sie der Reihe einen ‚pseudoreligiösen Charakter'…Zum anderen sind diese…mit symbolischer Bedeutung behaftet, so dass sie über die sachliche Ebene hinaus wirken…"

Sie betont, dass die „Star-Wars-Filme" einen in 30 Jahren gewachsenen immens hohen Bekanntheitsgrad aufweisen und damit einen generationenübergreifenden

---

[50] Vgl. die Aufzählung mit **Dahlbüdding** 2004, S.74 - 84

medialen Einfluss darstellen. [51] Ebenfalls betont **Dahlbüdding**, dass der Filmregisseur George Lucas beim Schreiben des Drehbuches sich an der „Heldenreise" von Joseph Campbell orientiert habe (vgl. dies bei **Hauser** bzgl. Harry Potter). Damit werde eine besondere Wirkung gerade auf Jugendliche erzielt: „Ein inhaltlicher Aspekt, der ‚Star Wars' besonders ansprechend für Jugendliche macht, ist seine Struktur, die die Schwierigkeiten der Persönlichkeitsentwicklung in der Jugendphase auf heroischer Ebene thematisiert."[52]

Deutlich wird bereits nach diesen zwei Filmbeispielen, dass religiöse Dimensionen im Mythos medialer Heldenmotive erkennbar waren, welche für Jugendliche aufgrund ihrer Lebens- bzw. Entwicklungsprozesse hochattraktiv sind.

3.1.3.3. Christliche Aspekte in „Herr der Ringe"

Schramm betont zwar die Unterschiede von „Star-Wars" und „Herr der Ringe", jedoch „…liefert die Analyse der religiösen Dimension in den Filmen selber ein durchaus vergleichbares Bild." Tolkien (Autor) habe sein Werk als durchaus religiös bezeichnet und trotz mancher Skrupel christliche Elemente verwendet. So lässt Tolkien z. B. seine Zaubererfigur „Gandalf den Grauen" mitten in der Handlung einmal auferstehen zu „Gandalf dem Weißen". Trotz allem urteilt **Schramm** sicher zu recht: Weder in Star Wars noch in Herr der Ringe wird „eine klare Grenze zwischen Religion und Magie gezogen" [53]; vieles bleibt unbestimmt; so wird Gott auch in „Herr der Ringe" nicht erwähnt.

Trotzdem sind christliche Bezüge auch nach **Hauser** deutlich, er sieht z. B. in den kindlichen Hobbits „…Symbole des biblischen Satzes, dass man werden solle wie die Kinder."[54] Wichtig zu erwähnen ist auch, dass **Hauser** sowohl „Herr der Ringe" wie auch „Harry Potter" mit Campbells „Heldenreise in Verbindung bringt

Eigene Ergänzungen: Wichtige christliche Motive lassen sich erkennen im leidensvollen Weg des Frodo (vergleichbar: Passion Christi), der am Schicksalsberg seine Last nicht mehr tragen kann. , und sein treuer Freund Sam ihm tragen helfen muss – hier wird das Motiv Simon von Kyrene erkennbar, der Jesus das Kreuz

---

[51] (Eigene Anmerkung: In der Tat dürften der Segensgruß: „Möge die Macht mit Dir sein!", oder der theatralische Erkenntnissatz: „Ich bin dein Vater!" unauslöschbare Bestandteile medialer Lebenswelten sein, die wohl jeder schon gehört hat, der sich Fantasyfilmen nicht verweigert.)
[52] **Dahlbüdding** 2004, S. 47 / 48
[53] **Schramm** 2007, alle Zitat von Schramm in diesem Abschnitt von S.9
[54] **Hauser** 2004, S.150

tragen hilft. Sam trägt aber auch Züge der biblischen Figur des Jüngers Petrus, der Jesus besonders intensiv nachfolgte (z. B. Messiasbekenntisse, Nachfolge bis zum Hof des Hohepriesters, vgl. Bibelstellen in Kapitel 6.4.1. etc.)

Neben Gandalf und Frodo wird auch Sam zu einer mythologischen Heldenfigur, die durch Leiden hindurchgeht und Entwicklungen aufweist, die christlichen Erlösungs- und Auferstehungsmotiven ähneln. Damit sind die in dieser Arbeit in Kapitel 2.3. benannten religiösen Aspekte in der medialen Lebenswelt bereits an einem dritten, sehr erfolgreichen Film aufgezeigt worden.

Nun könnte natürlich argumentiert werden, dass die Auswahl der drei Filme aus dem Bereich der Fantasy.Filme zu einseitig sei, und die daraus erfolgten Rückschlüsse zu speziell seien. Allerdings sei an die Fülle bereits genannter medienpädagogischer (Röll) sowie religionspädagogischer und theologischer Autoren erinnert (vgl. Kapitel 2.3.) erinnert. Dennoch wird nun ein Film behandelt, der in Machart und Inhalt ganz moderne und aktuelle Lebensbezüge zu jungen Menschen darstellt; und bei dem die Handlung realistischere Bezüge aufweist als im Genre Sci-Fi oder Fantasy – und trotzdem intensive religiöse Bezüge aufweist.

3.1.3.4. Religiöse-christl. Dimensionen in „Lola rennt"

Exemplarisch wird nun an einem Film („Lola rennt", 1998) aufgezeigt werden, dass in säkularen Medien religiöse Dimensionen nicht nur berührt werden, sondern sogar tiefgehende theologische Auseinandersetzungen aufweisen (sei es nun von Drehbuch / Regie bewusst oder unbewusst vorgesehen).

Im Film wird in drei Varianten dargestellt, wie Lola ihren Freund Manni retten will – einmal bewegt sie sich in ihren bisherigen Grenzen, bettelt bei ihrem Vater um Hilfe (was vergebens ist) und lässt sich in verzweifelter Treue zu Manni in einen Supermarkt-Überfall verstricken, was tödlich endet (für sie selbst).

In einer zweiten Variante rastet sie aus und raubt die Bank ihres Vaters aus, was wiederum tödlich endet (für ihren Freund Manni).

In der dritten Variante kommt sie an ihre Grenzen und wird nach einem Stoßgebet (!) beinahe von einem LKW erfasst: Danach erblickt sie ein Spielcasino, in welchem sie das rettende Geld gewinnt, obwohl ihr Freund (wie sie später erfährt) selbst bereits eine Lösung (nämlich das verlorene Geld) gefunden hat – nach zwei todbringenden Varianten zum Schluss also ein „Happy End".

Gräb interpretiert „Lola rennt" nun folgendermaßen: „Die Erfahrung der Liebe wird in diesem Film als immanente Transzendenzerfahrung inszeniert, als Begegnung mit der Dimension des Unbedingten, mitten in den Geschichten, die so sind, wie das Leben nun einmal spielt."[55] **Gräb** sieht in „Lola rennt" damit Tillichs Definition von Religion als Dimension des Unbedingten[56] abgebildet.

Eigene Anmerkung: Es geht im Film um aufopfernde (!) Liebe, die eine Rettung für den Geliebten zu erreichen versucht, was ein zutiefst christliches Erlösungsmotiv erkennen lässt. Lola versucht in drei Varianten, eine „Erlösung" für ihren Freund zu erreichen - der allerdings im dritten Teil selbst handlungsfähig wird. Gleichzeitig findet Lola (während sie rennt…) im Gebet den Weg zu einer gewaltfreien Lösung. Beide werden durch ihre Neuentdeckung von alternativen Handlungsmöglichkeiten zu erlösten Heldengestalten, die am Ende (vgl. Hänsel und Gretel mit ihrem im Hexenhaus entdeckten Schätzen…) „reich" werden. Das Geld als materieller Reichtum symbolisiert den gewonnenen Erfahrungsschatz und neue Handlungsmöglichkeiten. Damit lassen sich selbst in der recht realitätsnahen Lebenswelt von „Lola rennt" (genau wie in den vorangegangenen drei Fantasy-Filmen) Symbole und Motive entdecken, wie sie Campbells mythologischer „Heldenreise" enthalten sind. Dieser erfolgreiche und preisgekrönte Kinofilm, der von einem religiös nicht interessierten Regisseur stammt, greift damit ebenfalls eindeutig – und sehr tiefgehend – mythologische wie christliche Motive auf.

Es konnte somit nachgewiesen werden, in welchem Umfang in „Lola rennt" Filme - bewusst oder unbewusst – christliche bzw. theologische Dimensionen und Motive erkennbar sind.

3.1.4. Schlussfolgerungen

Interessant ist zweierlei: In allen Werken wurde die Anwendung der „Heldenreise" des Mythologen Joseph Campbell benannt; außerdem wurde die Erreichbarkeit Jugendlicher mit christlichen Motiven und Heldenmythen belegt.

Die Aspekte der Campbell'schen „Heldenreise" wurde besonders von **Dahlbüdding** als für Jugendliche sehr ansprechend bezeichnet. Das umfangreiche Potenzi-

---

[55] **Gräb** 2002, S.208
[56] vgl. **Tillich** 1961: „Wesen und Wandel des Glaubens"

al scheint in vielen verschiedenen Filmen genutzt zu werden[57] – dieser interessante und für das Verstehen von Medien wichtige Hintergrund mit seinen mythologischen und symbolischen Aussagen wird in Kapitel 4.1. anhand der Aussagen von Drehbuchautoren[58] und Aspekten der Archetypenlehre C.G. Jungs behandelt.

Mit Kapitel 3.1. konnte der Aspekt religiöser Bezüge, wie er gemäß der Fachliteratur in Kapitel 2.3. in säkularen Medien konstatiert wurde, anhand vier verschiedener Filme exemplarisch nachgewiesen und konkretisiert werden.
Vor einer näheren Beschäftigung mit den mythologischen bzw. symbolischen Aspekten (Kapitel 4.1.) muss jedoch noch genauer beleuchtet werden, wie der mediale Einfluss sich auf die Lebenswelt Jugendlicher negativ auswirken kann. Dazu ist eine Einschränkung notwendig, um das sehr komplexe Feld der Medien und Zielgruppen überschauen zu können.
Da aus dem Bereich der Jungen-Pädagogik Arbeit hierzu einige gut darstellbare Erkenntnisse vorliegen, wird (nun mit einer Gewichtung auf PC-Spiele) der inhaltlich-problematische Einfluss von Medien im Kontext von Vorbildern / Heldenmythen (auf Jungs bezogen) kurz dargestellt.

3.2. Einflüsse medialer Vorbilder (Helden) aus Sicht der Jungen-Pädagogik
3.2.1. Allgemeine Einflüsse medialer Helden in PC-Spielen
Das Angebot von PC-Spielen (z. B. World of Warcraft, Prince of Persia etc.): beinhaltet in ähnlicher Weise, wie in Kapitel 3.1. bereits genannt, Welten voller Helden und Mythen. In Computerrollenspielen kämpfen in unzählbaren Varianten Riesen, Zwerge, Zauberer, Hexen, Feen etc. als Vertreter von Gut und Böse mit Göttern, Menschen und Monstern aller Art. Dabei werden offensichtlich oft auch religiöse bzw. göttliche Bezüge hergestellt.

Wiemken, ein für die Bundeszentrale für politische Bildung jahrelang tätiger Medienpädagoge, stellt in seinen: „Unterrichtseinheiten zur Analyse der Inhalte von

---

[57] Der Medienpädagoge **Röll** analysierte bereits 1998: „Die Mediengesellschaft bietet ein breites Angebot mythogener Stoffe, aus denen die einzelnen oder die Peer-groups ihre Identitäten zusammenstellen. Gäbe es keinen Bedarf nach diesen Mythen, könnten sie sich in dieser Mannigfaltigkeit nicht durchsetzen
[58] Ebd., S.414, vgl. **Vogler** 2004: „Die Odysee des Drehbuchschreibers", oder **Hammann** 2007: „Die Heldenreise im Film: Drehbücher, aus denen die Filme gemacht werden, die wirklich berühren", dazu näher Kapitel 4.2.

Medien (hier speziell: Bildschirmspiele)" [Klammer durch Wiemken selbst, Anm.] fest, dass in vielen hochwertigen PC-Spielen u. a. Campbells „Heldenreise" verwendet wird, um den NutzerInnen vielfältigste und ansprechende mythologische Rollen erfolgreich anbieten zu können. .[59] Auch dieser Fachautor nennt also Campbell's „Heldenreise" – diesmal in PC-Spielen.

Allerdings bedeutet die teilweise Verwendung bzw. das Vorkommen derartiger mythologisch-religiöser Aspekte nicht automatisch einen „Gut-Sinn": So bemängelt z. B. **Abesser** in einem Aufsatz über PC-Spiele („Religion ist im Spiel") für eine religionspädagogische Arbeitshilfe, dass in einem seiner untersuchten PC-Spiele religiöse Rollenträger (Priester) ihre Magie ausgesprochen machtbezogen ausüben. **Abesser** fragt kritisch: „Der vermeintliche Erlöser…ist lediglich ein Terminator, ein Vollstrecker. Welches Gottesbild wird hier transportiert?"[60]

Viele seiner untersuchten PC-Spiele weisen diese defizitären religiösen Gottes- und Vorbilder auf. Neben diesem religiösen Aspekt eines Gottesbildes stellt sich konsequenterweise auch die Frage, welche Auswirkungen dies auf die Nutzer/innen hat.

Pfeiffer weist jedenfalls in einer seiner Studien darauf hin, mit welch hohem Zeitaufwand manche Jugendliche PC-Spiele praktizieren, und welch enorme Auswirkungen dies für deren Lebensalltag hat - mit allen komplexen psychosozialen und schulischen Folgen.[61] Er geht von teilweise immens negativen Einflüssen von PC-Spielen aus, vornehmlich natürlich im Kontext von Gewaltdarstellungen.

Im Kontext dieser Arbeit wird also zu hinterfragen sein, wann und wie die oft genannt Campbell'sche Heldenreise „echte" im Sinne von hochwertigen bzw. „gute" religiöse Bezüge aufweist – und wann mythologisch-religiöse Bezüge eben defizitäre bzw. „schlechte" Wirkungen haben.

---

[59] Vgl. **Wiemken 2006**, S.3ff.
[60] **Abesser 2002**, S.
[61] **Pfeiffer** 2009, S. 15ff.

3.2.2. Einflüsse medial einseitiger Helden als Vorbilder aus Sicht der Jungen-Pädagogik

Im Folgenden kommen AutorInnen zu Wort, die einen Beitrag für das Handbuch Jungen-Pädagogik von **Matzner / Tischner** erstellt haben und ihre Forschungsergebnisse vorstellen.[62] Die Beschränkung auf Jungen-Pädagogik geschieht wegen des beschränkten Umfangs dieser Arbeit: es soll lediglich an einem Beispiel ersichtlich werden, wie intensiv die Einflüsse von Medien und den darin enthaltenen mythischen Symbolen, Vorbildern, Heldengestalten usw. sein können.

Medien mit ihren typischen heldenhaften Vorbildern sind aus der Sicht der Jungen-Pädagogik sehr einflussreich. **Matzner** schreibt in seinem Aufsatz „Jungen brauchen Väter", dass viele Väter ihren Kindern im Alltag verborgen wären, mit all ihren „Stärken und Schwächen", es fehle oft die „aktive Vaterschaft".

Damit würden aber die Medien nach **Matzner** einen hohen Einfluss gewinnen: „Die Entwicklung der männlichen Identität geschieht u. a. „…in Form von Männern und Männerbildern in Filmen und anderen Medien."[63]

Dies wird von den anderen Autoren aus der Jungen-Pädagogik bestätigt:

a) **Blank-Mathieu** spricht davon, dass viele Jungen „…Männlichkeitsmodelle übernehmen, die aus den Medien abgeleitet werden."[64]

b) **Böhnisch** bestätigt den starken Einfluss von Medien auf männliche Sozialisation: „Die Schwächen des Vaters und seine alltäglichen Nöte des Mannseins, des Ausgesetztseins und der Verletzungen im Beruf werden dagegen für den Jungen kaum sichtbar. So erhält er ein einseitiges Vaterbild, das durch die ‚starken' Männerbilder, die er mit zunehmendem Alter über die Medien wahrnimmt, noch verfestigt wird."[65]

c) **Garbe** stellt fest: „Jungen suchen – und finden – ihre Helden…, vor allem im Fernsehen und in Computerspielen."[66] Attraktiv und gefragt seien vor allem

---

[62] **Matzner / Tischner** (Hrsg.): „ Handbuch Jungen-Pädagogik", 2008. Da ich es für wichtig halte zu wissen, ob Männer oder Frauen die Beiträge geschrieben haben, habe ich zur Unterscheidung bei Autorinnen die Vornamen in den Fußnoten hinzugefügt. Alle folgenden Angaben stammen aus diesem Buch, s. a. Literaturverzeichnis
[63] **Matzner / Tischner** 2008, S.316-330
[64] **Blank-Mathieu, Margarete**, 2008: „Jungen im Kindergarten", S. 78-90, Zitate S.83 / 87, in: ders.
[65] **Böhnisch** 2008: „Soziale Konstruktion von Männlichkeit und Kristallisationspunkte männlicher Sozialisation", S.63-76, Zitat von S.72, in: ders.
[66] **Garbe, Christine**, 2008: „Echte Kerle lesen nicht?", S.301-315, Zitat aus S.306, in: ders.

„Selbstbehauptung" und „Meisterung von Herausforderungen." **Garbe** erwähnt damit einen Aspekt, der bei **Dahlbüdding** bereits angerissen war und übergreifend als das Motiv der „Meisterung von Lebensaufgaben" erschien.

d) **Aufenanger** bestätigt dies ebenfalls: Jungs gefielen sich „in der Rolle des kämpfenden Helden", er beruft sich auf die Rezeptionsforschung, bei denen die Jungen „die Geschichten mit den Helden besonders gerne sehen." Leider würden oft Stereotypen in den medialen Angeboten vorliegen.[67]

Diese Erkenntnisse können weitere Hinweise auf religionspädagogische Anknüpfungspunkte liefern – in Hinsicht auf den BRU ist auch die Auswertung von **Matzner / Tischner** am Ende ihres „Handbuch für Jungen-Pädagogik" sehr interessant: Sie betonen darin zwar, dass Medienkonsum positiv und fördernd sein kann, sehen jedoch auch negatives Potential: „Problematisch wird es für Jungen dann, wenn ihre Faszination für die Neuen Medien, zumal für Computerspiele, dazu führt, dass sie ihre Freizeit hauptsächlich oder ausschließlich dafür verwenden. Vor allem sich selbst überlassene Jungen, zumal aus sozial benachteiligten Milieus, die über wenig interessante Freizeitalternativen und Möglichkeiten der Selbstwirksamkeit verfügen, werden durch das aktuelle Angebot der Bildschirmspiele – Action-, Strategie-, Simulations- und Fantasy-Spiele – angezogen."[68]

Auch aus anderen Quellen der Jungen-Pädagogik wird Kritik an einseitigen männlichen medialen Vorbildern geübt: So kritisiert **Wolter** in einem Artikel für das „Baugerüst" (evangelische Zeitschrift für Jugendarbeit) die medialen Vorbilder, z. B. im Kino: „Im Kino sind die Helden super-männlich, Turbo-Machos, ‚pseudo' - gerechte Rächer, die sich durch alles und jeden Gegner hinwegkämpfen, gnadenlos, cool, effektiv." Es gebe kaum „…gleichsam friedvolle und trotzdem selbstbewusst männliche Vorbilder…"

Er fragt quasi nach einem echten Heldenvorbild: „Wer kann glaubwürdig und vor allem von den Jungs anerkannt Modell stehen für Gewaltverzicht aus der Position des Könnens, der Stärke heraus?"[69]

---

[67] **Aufenanger** 2008: „Jungen und Medien", S.290-300, Zitate von S. 294 / 298, in: ders.
[68] **Matzner / Tischner** 2008, Schlussfolgerungen, S.381-409, Zitat aus S. S.385 / 386
[69] **Wolters** 2001, „Kampfkunst für Jungen", S. 88-92, in: Das Baugerüst: Mann, oh, Mann, die Jungs, Nürnberg Heft 3 / 2001,

3.3. Beobachtungen und Schlussfolgerungen für den BRU

a) Medien gehören aus christlicher Sicht als Mittel der Verkündigung der frohen Botschaft unmittelbar zum Christentum dazu. Die Glaubwürdigkeit wurde vor allem im lebendigen gegenseitigen Kommunikationsprozess gesehen, der Bezüge zu gesellschaftlich aktuellen Symbolen und Formen herstellt. Ein christlicher Umgang mit Medien sollte keine Angst vor „Anpassung an den Zeitgeist" haben.

b) In exemplarischen Filmen, in denen religiöse bzw. christliche Motive entdeckt wurden, wurde außerdem das Motiv der mythologischen „Heldenreise" erkannt. Dies soll noch näher untersucht werden (s. Kapitel 4.1.)

c) Die Autoren aus der Jungen-Pädagogik stellen übereinstimmend fest: Fehlen in der Erziehung Väter als Vorbild, werden diese besonders in virtuellen Medien gesucht – und in zumindest teilweise einseitigen Heldenfiguren gefunden. Offenkundig erfüllen nicht alle Helden die Kriterien von Campbell's „Heldenreise". Übereinstimmend kritisieren die Autoren einseitige mediale Vorbilder - sowohl in PC-Spielen wie anderen AV-Medien.

Die pädagogischen Fachleute bestätigen AV-Medien allgemein nicht nur als hohen Einflussfaktor auf die Sozialisation Jugendlicher (wobei dieser Arbeit der Fokus auf männliche Aspekte gerichtet wurde), sondern erwähnen ebenfalls wie in Kapitel 3.1. den Aspekt des Mannes als Held, der – zumindest für Jungs – sehr interessant zu sein scheint. Heldenmythen und Vorbildsuche scheinen als Motive in AV-Medien eine bedeutende Rolle zu spielen und eng miteinander verwoben zu sein. Die Unterscheidung der Begriffe Held oder Vorbild könnte nach den bisherigen Erkenntnissen bereits vorgenommen werden: Mediale Helden sind als mythologische Helden in ihrer Attraktivität beabsichtigt durch die Produzenten zum Zwecke des kommerziellen Erfolges. Ob diese manchmal einseitigen und Gewalt verherrlichenden Heldenfiguren allerdings zu persönlich wirksamen Vorbildern im Sinne verhaltensbestimmender Lebensorientierung oder Wertmaßstab werden, ist allerdings die (bewusste oder unbewusste?) Entscheidung des Konsumenten.

Hiermit wird auch eine weitere Brücke zum BRU geschlagen, weil – wie **Matzner /Tischner** in ihrem letzten Zitat bestätigen – gerade bei sozial benachteiligten Jugendlichen das Risiko einer negativen medialen Prägung durch einseitige Heldenmotive besonders hoch sein kann (vgl. Kapitel 2.2.: im BRU befindet sich unter Umständen ein hoher Anteil derartig sozial Benachteiligter).[70]

In der Qualität dieser medialen Helden und Vorbilder liegen anscheinend jedoch große Unterschiede: Hierin unterscheiden sich z. B. die in 3.1. besprochenen Filme mit ihren religiösen Elementen, die manchmal zwar durchaus kriegerische, aber auch Lösungen ohne Gewalt (vgl. „Star-Wars") erreichen konnten und damit ohne Gewaltverherrlichung einhergingen.

Zunehmend stellt sich daher die Frage, wie – insbesondere der BRU für seine SuS – auf diese medialen Helden und Vorbilder Bezug genommen werden kann, bzw. Anknüpfungspunkte hergestellt werden können.

Bisher ergibt sich folgerichtiger Weise (vgl. die christlichen Erlösungsmotive der besprochenen Filme) per se der Anknüpfungspunkt in der Gestalt des Jesus Christus: Seine frohe Botschaft ist untrennbar nicht nur mit seinen Aussagen über Gott, sondern vor allem durch sein (vorbildliches) Handeln und Tun verbunden, welches zur Nachfolge aufruft und in den Evangelien mit mythischen Motiven und Symbolen vielfältig ausgedrückt werden. Insofern bietet Jesus lebensweltorientierte Aspekte, denn mit dem Aufruf zur Nachfolge nimmt er eine Position eines Vorbildes oder Helden ein – seine traditionellen Titel Erlöser, Heiland, Messias, Friedefürst etc. sind heute aber Angesichts medialer Sprach- und Kommunikationsstrukturen in ihrer Verwendung kaum noch als aktuell oder lebensweltorientiert für Jugendliche zu bezeichnen. Kann, soll oder muss mit anderen Bezeichnungen Jesus nahe gebracht werden?

Kann er als alternatives, einziges oder paralleles Vorbild oder Held tituliert werden im Sinne lebendiger und moderner Kommunikation (vgl. **Schmid-Rost**) oder wären diese Begriffe unzulässig, ja vielleicht sogar „götzenbildnerisch"?

Um dies zu klären, ist eine nähere Beschäftigung mit Symbolen notwendig.

---

[70] Vgl. **Dahlbüdding** 2004, die ausführlich Jugendliche und ihre Lebensphasen / Bewältigungsaufgaben behandelt und mit deren Ansprechbarkeit auf solche Motive in Bezug setzt.

4. Religionspädagogische Aspekte von Mythen und Symbole in der medialen Lebenswelt Jugendlicher

In dieser Arbeit wurden die Begriffe Held, Vorbild, Mythos und Symbole bisher zugegebenermaßen heuristisch gebraucht, da zuerst einmal das Vorkommen dieser Begriffe in ihrer Bedeutung für die mediale Lebenswelt Jugendlicher aufzuzeigen war. Da anhand der behandelten Filmbeispiele religiöse Bezüge bei Mythen und der Campbell'schen Heldenreise aufgezeigt wurden; und anhand der Jungen-Pädagogik mediale Vorbilder thematisiert wurden, wird es nun als richtig und wichtig erachtet, die Bedeutungen dieser Begriffe im religionspädagogischen Kontext zu ergründen.

Damit soll der Weg zum bereits angedeuteten Ziel fortgeführt werden, Jesus Christus als Anknüpfungspunkt für medial beeinflusste BRU - SuS zu entwerfen.

4.1. Zu den Begriffen Mythos und Symbole im christlichen Sinn

Nach der **Brockhaus Enzyklopädie** 2001 hat ein Mythos[71] drei Bedeutungen:
1) die Erzählung von Göttern, Heroen u. a. Gestalten und Geschehnissen aus vorgeschichtl. Zeit;
2) die sich darin aussprechende Weltdeutung eines frühen (myth.) Bewusstseins;
3) das Resultat einer sich auch in der Moderne noch vollziehenden Mythisierung (,neue Mythen') im Sinne einer Verklärung von Personen, Sachen, Ereignissen oder Ideen zu einem Faszinosum von bildhaftem Symbolcharakter."

Zusammen mit den weiteren Ausführungen in der Brockhaus Enzyklopädie 2001 zeigen sich sofort einige der in Kapitel 2.1.3. und 2.2. behandelten Aspekte: Weltdeutung in göttlichen oder menschlich - heldenhaften (griech.: „heroischen") Handlungen, wobei dies auch für die Moderne gilt in Form „neuer Mythenbildungen", z. B. in den AV-Medien, PC-Spielen etc.. Diese Weltdeutungen werden (u. a.) mit Aufgreifen von lebensnahen Motiven erreicht: „…Es geht laut **Brockhaus** um „…zentrale Ereignisse und Situationen des menschlichen Lebens wie Geburt, Pubertät, Ehe, Familie, Liebe und Hass, Treue und Verrat, Strafe und Vergeltung, Krieg und Frieden, Krankheit und Tod…"[72] / [73]

---

[71] Mythos: „Griechisch für Wort, Rede, Erzählung, Fabel…", aus. Brockhaus Enz. 2001, S.309f.)
[72] **Brockhaus Enz.** 2001, S.309 ff.: Mythen sind „…Erzählungen, die ‚letzte Fragen' des Menschen nach sich und seiner als übermächtig, geheimnisvoll und von göttl. Wirken bestimmt empfundenen Welt artikulieren und dieses Ganze von seinen Ursprüngen her verständlich zu machen

Die Attraktivität, mit der mythologische Motive wirken, ließ sich anhand der in Kapitel 3.1.3. analysierten Filmbeispiele gut darstellen; der Aspekt „neue Mythenbildung" wurde dort anschaulich: Die Zuschauer können in den handelnden Personen (Helden) eigene lebensnahe Motive entdecken. Darüber hinaus werden durch mythologische Aspekte sogar weltdeutende Botschaften vermittelt, die wiederum religiösen Charakter haben können.

Die Problematik solcher Weltdeutungen im Kontext medialen Einflusses von einseitigen Heldenmotiven bzw. Vorbildern wurde in Kapitel 3.2. erwähnt.

Auf den christlichen Umgang mit Mythen bezogen, führt **Betz** aus:
„Wie jede Religion kommt auch das frühe Christentum nicht ohne M. [Mythen / Ergänzung des Autors] aus, der ihm seine schlüssigen Symbole liefert..."[74]
Betz schildert weiter, dass seit der Aufklärung „...das Problem des M. zur Auseinandersetzung zw. Christentum und Moderne..." gehöre und nennt als Höhepunkt Bultmanns Entmythologisierungsanspruch. Allerdings schildert **Betz:** „Seit den 80er Jahren des 20.Jh. erlebte der Mythos eine theol. Rehabilitierung...".Kritiker wandten ein, dass Bultmanns Entmythologisierung seiner Kritiker zu einer „...Eliminierung der mythologischen Elemente und somit zu einer Verkürzung bibl. Gehalte führe bzw. einen unzureichenden Mythosbegriff voraussetze."[75]

Mit **Betz** lässt sich also ein christlicher Umgang mit Mythen als zulässigen und notwendigen Zugang zu christlichen Aussagen legitimieren. Mit dem im Brockhaus genannten Aspekt der „neuen Mythenbildung" (s. o.) in der Moderne lässt sich eine Auseinandersetzung mit Mythen in Medien untermauern.

Kunstmann bestätigt ebenfalls einen legitimen christlichen Bezug und Umgang mit Mythen und Medien: „Alle christlichen Aussagen, Symbole und Gestaltungsformen sind Medien der Gotteserfahrung, und niemals die Sache selbst. Sie sind als Hinweise auf das Heilige zu verstehen und müssen die Menschen zum Heiligen hinführen."[76] Nicht die Symbole selbst sind heilig, sondern ihre Botschaften

---

suchen..." Es handelt sich um ein „...universales Kulturphänomen wegen laufend entstehenden ‚neuen Mythen'..."
[73] w.o., **Brockhaus** 2001
[74] **Betz , Dieter** 2002 (Hrsg.), Religion in Geschichte und Gegenwart: Handwörterbuch, Sp. 1697
[75] Ders.: Sp. 1701
[76] **Kunstmann** 2010, S.177, vgl. hierzu auch **Schweitzer** 1999: „Lebensgeschichte und Religion", S.199f.

sind wegweisend – auf diese Symboldeutung **Tillichs** beruft sich auch **Halbfas**, der Ende der 70er Jahre eine Symboldidaktik vorstellte. [77]
Damit können theologische Einwände gegen die Beschäftigung mit Bildern und Symbolen (z. B. mit Hinweis auf „Verpsychologisierung" oder Götzendienst / Bilderverbot in 2.Mose 20) entkräftet werden, denn die Definition von „Symbol" [78] als ein verkürztes und stellvertretend abbildendes Sinnbild für etwas eigentlich nicht Erfassbares mit immer wieder neuen Bedeutungen kann somit im originären Wortsinn theologisch verwendet werden. Eine umfassend weitere Definition und Unterscheidung von Symbol im Kontext dieser Arbeit erscheint nicht als sinnvoll – sondern wird anhand ihrer Wirkungen und Potenzials betrachtet unter Berufung auf entsprechende, anerkannte Fachliteratur, wie eben dargestellt.
Schweitzer verweist 1999 in seinem Buch „Lebensgeschichte und Religion" auf die Bestrebungen der religionspädagogischen „Symboldidaktik" (**Halbfas, Scharfenberg / Kämpfer, Biehl**), durch ganzheitliche Erfahrung anhand christlicher Symbole neue Anknüpfungspunkte im RU herzustellen. [79]
Wichtig ist bei **Schweitzer** die Verbindung von Symbol und jugendlichen Entwicklungsphasen: „Angestrebt wird…eine Korrelation zwischen den *Erfahrungen* von Kindern und Jugendlichen und den *religiösen Symbolen*, deren konfliktbearbeitende Kraft an den entwicklungsbezogenen Erfahrungen aufgewiesen werden soll." – damit stellt **Schweitzer** die im Kontext dieser Arbeit bedeutenden Bezüge zu jugendlichen Glaubens- und Entwicklungsstufen her, was wiederum die Chance für eine intensive Lebensweltorientierung bedeuten kann.
Symbole erschließen nach **Schweitzer** neue religionspädagogische Zugänge, weil die Erfahrungen mit Symbolen anschließend zu neuen Symbolverständnissen füh-

---

[77] **Halbfas** 1980, S.94ff.
[78] Vgl. **Brockhaus Enz.** 2001, S.441: „Symbol: griechisch sýmbolon, lat. Symbolum…"; „…(nach der zw. Versch. Personen vereinbarten Erkennungszeichen, die, aus Bruchstücken bestehend, zusammengefügt ein Ganzes ergeben)…ein wahrnehmbares Zeichen bzw. Sinnbild (Gegenstand, Handlung, Vorgang), das stellvertretend für etwas nicht Wahrnehmbares (auch Gedachtes bzw. Geglaubtes) steht…" Im eigentlichen Sinne…ist S. [Symbol, Ergänzung durch den Autor] jedes Schrift- oder Bildzeichen mit verabredeter oder unmittelbar einsichtiger Bedeutung, das zu einer verkürzten oder bildhaften Kennzeichnung und Darstellung eines Begriffs, Objekts, Verfahrens, Sachverhalts u. a. verwendet wird. In diesem Sinne spielen S. nicht nur in Religion, Kunst und Lit. eine wichtige Rolle….Im allgemeinen Sinne bezeichnet S. eine spezif. Art von Zeichen, das seine Bedeutung assoziativ zur Anschauung bringt." Es ist „…inhaltlich nicht eindeutig zu bestimmen, da es als prinzipiell unendlich interpretierbare Variable in Abhängigkeit von jeweiligem Kontext mit seinen mögl. Inhalten und seinen mögl. Interpreten korreliert und so stets auch neue Bedeutungen erhalten kann."
[79] **Schweitzer** 1999, S. 215 verweist auf zahlreiche Autoren wie z. B. **Pannenberg, Scharfenberg / Kämpfer** 1980, **Biehl** 1991, **Kassel** 1980

ren und diese wiederum zu neuer Wahrnehmung der Lebenssituation: „Die Stufen des Lebenszyklus werden so zum Schlüssel, der den Eintritt in den Zirkel von Symbol und Erfahrung ermöglichen soll."[80]

Interessanterweise weist **Schweitzer** (wie auch bereits die anderen in dieser Arbeit genannten Autoren) darauf hin, dass Symbole in der Gesellschaft ständiger Wandlung ausgesetzt sind (vgl. mythologische Heldenvorbilder in PC-Spielen in Kapitel 3.2.): „…was Symbole für Kinder und Jugendliche bedeuten, ist immer auch von dem in einer Gesellschaft vorherrschenden Umgang mit Symbolen abhängig….Weiterhin ist wichtig, welche anderen Symbole – vor allem aus der Werbung und den Medien insgesamt – in einer Gesellschaft zu finden sind. Diese Symbole treten zum Teil in eine direkte Konkurrenz zu religiösen Symbolen, indem sie Orientierungen stützen, die den religiösen Symbolen widersprechen. Auch solche Symbole zielen auf menschliche Grunderfahrungen und - konflikte - …sie suggerieren aber zumeist konsumorientierte Lösungen, deren Optimismus auf Dauer nicht trägt."[81]

Damit bestätigt Schweitzer aus evangelisch - religionspädagogischer Sicht auch die in Kapitel 3.2. von nichtkirchlichen Medien- und Jungenpädagogen gemachten Aussagen, und schließt den Bogen der Verbindung von Kommunikation, Medien, Symbolen und jugendlicher Rezeption von mythischen Elementen, der in dieser Arbeit als Anknüpfungspunkt an die Lebenswelt SuS dienen soll.[82]

Damit ergibt sich ein christlicher Umgang mit Medien, der bereits mit **Schmidt-Rost** und **Gräb** in Kapitel 3.1.1. und 3.1.2. behandelt wurde. Die Verkündigung des lebendigen Gottes wird immer wieder neu prozesshaft Mythen und Symbole verwenden, um das Wirken und Handeln Gottes erfassen zu können bzw. benennbar zu machen. Hinzu kommt, dass in unserer Gesellschaft ständig „neue Mythen" entstehen (vgl. Brockhaus zu Beginn Kapitel 4.1.). Damit wird ein religionspädagogischer Umgang mit Symbolen, um Anknüpfungspunkte an die von Medien beeinflussten SuS herzustellen, bestätigt.

---

[80] ebd., S.201 ff., siehe auch Tabelle S.210, es geht Schweitzer um eine „…Entsprechung zwischen theologischen und lebensgeschichtlichen Themen."; Symbole bieten „…die Chance für eine erfahrungsbezogene religiöse Erziehung."
[81] Ebd.: S.212
[82] vgl. **Scharfenberg** 1980, S.154: der Aspekt „Symbol als Mittler zwischen innerer und äußerer Erfahrung"; oder **Oser** 1988, S.40 der aussagt, dass menschliche Vorstellungen über Gott immer Vorstellungen seien, die sich in Symbolen und Metaphern ergreifen lassen.

Mit **Schweitzers** Hinweisen zur religiösen Entwicklung wurden wertvolle Bezüge zu den bereits gemachten Beobachtungen beigetragen und mit dem Hinweis erweitert, dass gerade in der Lebensphase Jugendlicher religiöse Symbole wichtige Hilfen zur Bewältigung ihrer spezifischen Entwicklungsaufgaben beitragen.

Die Heldenreise nach Campbell, die in dieser Arbeit immer wieder erwähnt und als wirksam in vielen medial erfolgreichen Produkten bestätigt wurde, ist bisher in der religionspädagogischen Literatur zwar erwähnt und aufgegriffen worden, aber nie umfassend in Zusammenhänge gestellt worden. Sie wird nun kurz dargestellt, weil sie mit Aufgreifen tiefenpsychologischer Erkenntnisse (C.G. Jung[83]) in besonderer Weise die Entwicklungsaufgaben der Lebenssituation Jugendlicher spiegelt.

4.2. Die Heldenreise (nach Campbell) und ihre medialen Wirkungen (nach Hammann)

4.2.1. Die Heldenreise nach Campbell

Nun wird in kürzestmöglicher Weise der Mythos der Heldenreise vorgestellt, wie er (vgl. 3.1.3. bei Dahlbüdding, Hauser, Schramm) in diversen Filmen erkannt wurde; und vom Medienpädagogen Röll bereits 1998[84] in vielen populären Medien als wirksam nachgewiesen wurde.

Der Mythologe **Joseph Campbell** griff Ende der 1940er Jahre Erkenntnisse der analytischen Psychologie Carl Gustav Jungs auf.[85] Dieser hatte die Freud'schen Vorstellungen über das Unbewusste im Seelenleben des Menschen, das sich u. a. in Traumsymbolen zeigt, weiterentwickelt. Jung sah in therapeutischen Erkenntnissen der individuellen Traumdeutung und dem religiös-mythologischen Erfahrungsschatz vieler Völker und Kulturen eine Analogie:

Das Vorhandensein eines „kollektiven Unbewussten" im Menschen mit gemeinsamen „Archetypen" (sogenannte „Urbilder" bzw. Ur - Symbole) [86]

---

[83] Vgl. **Jung, C.G.,** (Hrsg.) „Der Mensch und seine Symbole", 1979
[84] **Röll** 1998, S.153f.
[85] vgl. **Badamchian** 2009, S.28: „In seinen Untersuchungen orientiert sich Campbell zu einem großen Teil an den tiefenpsychologischen Lehren von Carl Gustav Jung, was im Gegensatz zur herkömmlichen …Herangehensweise an Fragen des Mythos und der Religion eine neuartige Interpretation gestattet."
[86] **Campbell, Joseph** 1999: „Der Heros in tausend Gestalten", (Erstveröffentlichung 1949)

Campbell leitete aufgrund seiner Mythenforschung den Archetyp der „Heldenreise" ab, die er auch als „Monomythos" bezeichnet: Ein mythologischer Held würde dabei ganz bestimmte Entwicklungsphasen durchlaufen.

<u>In stark vereinfachter und verkürzter Form geht es dabei um drei Phasen:</u>
- **Aufbruch:** Auftrag oder Flucht z. B. durch Schuld oder Fluch o. ä.
- **Initiation:** Schwellen überschreiten; Prüfungen durchleben, Abstieg, aber auch Finden von Helfern / Kräften / Waffen usw.
- **Rückkehr:** Kampf, Auferstehung, Rettung, heilige Hochzeit oder Erringen der Königswürde oder ähnliches [87]

Diese äußeren Handlungen sind jedoch Symbol für eigentliche innerseelische Prozesse, die **Campbell** sowohl mit einer mythologisch-religiösen Erlösung als auch einem modernen psychotherapeutischen Prozess vergleicht[88]:

„Im Sprechzimmer des Psychoanalytikers von heute kommen die Abschnitte der Heldenfahrt in den Träumen und Halluzinationen des Patienten wieder ans Licht. Mit dem Psychoanalytiker, in der Rolle des Helfers, des Initiationspriesters, wird Tiefe um Tiefe…ausgelotet."[89] / [90] / [91]

---

[87] ders.: S.237 oder vgl **Röll** 1998, S.153ff.: Campbells Heldenreise enthält „…eine gemeinsame Struktur und verbindende Erzählmuster, die allen Kulturen gleich sind."
[88] Zur Erläuterung der Ähnlichkeiten von **C.G. Jung / Campbell** hier ein Zitat von **C.G. Jung** 1973 aus: „Versuch einer psychologischen Deutung des Trinitätsdogmas". S.167: „Die hauptsächlichen symbolischen Aussagen über Christus sind zunächst die Attribute des Heldenlebens: unwahrscheinliche Herkunft, göttlicher Vater, gefährdete Geburt, knappe Rettung, frühe Reifung (Heldenwachstum), Mutter- und Todesüberwindung, Wundertaten, tragisches, frühes Ende, symbolisch bedeutsames Todesart, postmortale Wirkung (Erscheinungen, Wunderzeichen etc.) Als Logos, Sohn des Vaters, Rex gloriae, Judex mundi (Richter der Welt), Redemptor (Erlöser) und Salvator (Retter) ist er selbst Gott, eine allumfassende Ganzheit…
Als menschliche Erscheinung ist er Heros und sündloser Gottesmensch, also vollständiger und vollkommener als der natürliche Mensch. Er überragt und umfasst diesen…
Mit solchen Aussagen wird mythologisch innerhalb sowohl wie außerhalb der christlichen Sphäre ein Archetypus beschrieben, welcher sich mehr oder weniger durch dieselbe Symbolik ausdrückt und in den individuellen Träumen oder in fantastischen Projektionen (d.h. besonderen Übertragungsformen) auf lebende Menschen (Heldenprojektionen) vorkommt. "
[89] ders.: S.119
[90] ders.:S.26: „…die erste Tat des Helden, ist es, sich vom Schauplatz der Erscheinungen, …zurückzuziehen und die ursächlichen Zonen der Seele aufzusuchen, wo die wahren Schwierigkeiten liegen, …um dort die Hemmnisse aufzuklären und bei sich selbst,…zu überwinden und schließlich zur unentstellten, direkten Erfahrung und Aneignung dessen durchzubrechen, was C. G. Jung die Archetypen genannt hat." „…während im Traum die besonderen Konflikte und Schwierigkeiten des Träumenden die Formen verzerren, sind die Probleme und Lösungen, die der Mythos zeigt, für die ganze Menschheit unmittelbar gültig." Dazu weiter:
„Der Held ist deshalb der Mensch, ob Mann oder Frau, der fähig war, sich über seine persönlichen und örtlich-historischen Grenzen hinauszukämpfen…"
[91] ders.: nochmals auf S.31 mit anderen Worten: „„…wo wir nach außen zu gehen glaubten, werden wir zur Mitte unseres eigenen Daseins gelangen; wo wir allein zu sein glaubten, werden wir mit der ganzen Welt sein."

Später konkretisiert **Campbell** nochmals den Bezug von „äußerer Handlung" und „inneren Vorgänge" in der Heldenreise: „Die Fahrt des mythischen Helden mag sich auf der Erde abgespielt haben: im Grunde geschah sie drinnen und führte in Tiefen, wo finstere Widerstände überwunden und lang verlorene und vergessene Kräfte wieder belebt werden..."[92]

Campbells „Heldenreise" bietet also eine Spannung, die jeden Menschen ergreift, weil sie seine eigenen Lebensaufgaben in symbolischer Form enthält. Sie greift damit natürlich auch die Lebenswelt Jugendlicher mit ihren Bewältigungsängsten und Übergangsphasen auf – Jugendliche können sich in ihr wiederfinden.[93]
Damit werden die vielfältigen Verbindungen von mythologisch-symbolischen Aspekten und pädagogisch-psychologischen Bezügen noch einmal bestätigt.

4.2.2. Die medialen (Neben)-Wirkungen der Heldenreise nach Hammann
Der Drehbuchautor **Hammann** analysierte über 400 Filme anhand der Campbell'schen Heldenreise und erklärte den Erfolg von „Star Wars", Herr der Ringe oder Harry Potter damit, dass die wichtigen Grundmotive der Heldenreise eingehalten wurden.[94]
Er bestätigt Campbells Aussagen durch die erfolgreiche Wirkung von Filmen, deren Handlung „...durch die Abfolge der Stationen des Initiationsdramas, letztlich durch die Dynamik eines therapeutischen Prozesses..."[95] sich an die Heldenreise halten. Ziel einer typischen Heldenreise sei die „Ganzwerdung, Selbstwerdung, Heldwerdung, Rückreise ins Paradies oder Individuation."[96]

Hammann bringt einen neuen Aspekt aus seiner Erfahrungswelt mit Drehbüchern ein, der überraschenderweise Aspekte aus der Jungen-Pädagogik (Kapitel 3.2.) mit ihrer Kritik an einseitigen medialen Heldenfiguren und Vorbildern erklären

---

[92] der.: S.35
[93] **ders.:** S.132 / S.489: der Vater als Initiationspriester; der Aspekt Initiation wird mit Richard Rohr in Kapitel 3.1.2.4. aufgegriffen
[94] **Hammann** 2007, S.15
[95] ders.: S.41
[96] .ders.: S.10, ebenso die therapeutische Funktion bestätigend S.43: „Filmdramen sind Nachbildungen von Initiationen"; S.57: „Filmstorys sind in Symbolsprache gewandete psychologische Geschichten. Die bewegten Bilder eins Films mögen ein äußeres Geschehen zeigen, eine Handlung, ein Drama darstellen, aber sie weisen immer auf ein inneres geschehen hin – eine menschlich-seelische Entwicklung und Wandlung: eine Initiation, eine Heldin- oder Heldwerdung." vgl. auch S.58 / 62 / 63 oder S. S.103 / 104 in ähnlichem Sinn

hilft: Die Heldenreise erodierte, weil im Laufe der Zeit berufsmäßige Erzähler, die einzelne Elemente aus der Heldenreise herausgriffen bzw. veränderten und damit - nach **Hammann** - zum „…Vergessen des therapeutischen Sinns" beitrugen: „Die Symbolisierungen des eigentlichen, inneren Geschehens…begannen, sich von ihrer psychologischen Basis und geschichtlichen Vorlage zu lösen…"[97]
Interessanterweise stimmt **Hammann** als kommerzieller Medienprofi mit den Beschreibungen von einseitigen medialen Helden aus Sicht der Jungen-Pädagogik überein[98] - weil damit die ursprünglichen therapeutischen Wirkungen ins Gegenteil verkehrt wurden: „Unterhaltung ist insofern dämonisch, als sie den seelenlosen Zustand des Menschen zementiert statt ihn aufzulösen…In einem rasanten Abstieg wurde der einmal vorhandene Sinn und Zweck von Initiationen, Dramen, Mythen und Märchen immer mehr vergessen, bis nur noch ein Abenteuerplot übrig blieb, der…nur noch die niedrigsten Instinkte im Menschen ansprach: Gewalt, Vergötzung des eigenen Erfolgs, Boshaftigkeit und Grausamkeit gegenüber anderen….In einer der irrwitzigsten ironischen Wendungen in der Geschichte der Menschheit wurde die ursprünglich therapeutische, befreiende und humanistische Intention…in ihr komplettes Gegenteil verkehrt. Statt dass die Welt ein wenig menschlicher wurde, bestätigte sich ihr entsetzlicher Zustand aufs Neue: Die anderen sind die Bestien und Dämonen, und wenn wir sie vernichten, haben wir das (christliche, arische, kommunistische, islamische, amerikanische usw.) Paradies auf Erden."

Damit liefert **Hammann** ein quasi tiefenpsychologisches Erklärungsmuster, warum einerseits Filme in Teilen faszinieren, aber auch manipulieren und einseitigungute Vorbilder und Helden präsentieren können; und was andererseits „gute" Filme ausmacht: die Verwendung „stimmiger" mythologischer Hedenmuster, die mit therapeutischen Aspekten, aber auch religiösen Bezügen, übereinstimmen können.[99]

---

[97] ders.: S.50ff.
[98] w.o.: „Mit der Zeit wurden der melodramatischen Steigerung des Geschehens um des Effekts und des finanziellen Erfolgs der Geschichtenerzähler willen jedoch keine Grenzen mehr gesetzt. Die Helden wurden immer muskulöser und unbesiegbarer, die Ungeheuer wurden immer menschlicher und grausamer, und die gefangenen Schätzchen, welche die Helden zurückstahlen, bekamen immer längere Beine und immer größere Brüste."
[99] vgl. die Medienpädagogin **Badamchian** 2009, S.19: „Insbesondere mythologische Strukturen, die einem klassischen Muster folgen – wie zum Beispiel dem des Heldenmythos oder der Initiation – sprechen uns auf einer sehr ursprünglichen Ebene an."

Insgesamt konstatiert **Hammann** große, religiös anmutende Sehnsüchte des Menschen nach dem Paradies: „Scharlatane, Betrüger, falsche Messiasse – und haufenweise schlechte Filme – gibt es nur deshalb, weil die Sehnsucht der Menschen nach dem Glück des Paradieses so groß ist."[100]

Es gilt hier für den Bereich der eigentlich heilsamen („therapeutischen") Heldenreise wohl in ähnlicher Weise, was Drewermann über die Auslegung der Botschaft Jesu aussagt: „Es ist jederzeit möglich, aus Worten des Heils Zwangssysteme des Unheils abzuleiten…"[101]

Theologische Bestätigungen durch unterschiedlichste Autoren:

Es ist im folgenden zusätzlich überraschend, wenn von so unterschiedlichen Theologen wie **Drewermann, Theißen, Gräb** oder **Scharfenberg** sich übereinstimmende bzw. gegenseitig ergänzende Aspekte ergeben bezüglich des Umgangs mit Mythen und Symbolen für eine erfahrungs- bzw. lebensweltorientierte christliche Verkündigung.

- **Theißen** betont nüchtern die Bedeutung von Mythen und Symbolen z. B.:

„…alle Jesusdarstellungen enthalten ein konstruktives Element, das über die in den Quellen enthaltenen Daten hinausgeht… hier wie dort ist eine kreative Vorstellungskraft am Werk, entzündet durch dieselbe historische Gestalt. Hier wie dort wirkt sie in unabgeschlossener Weise: Religiöse Symbole, Bilder und Mythen lassen sich immer wieder neu interpretieren, historische Hypothesen immer wieder neu korrigieren…Die religiöse Imagination des ‚Urchristentums' wird von dem festen Glauben geleitet, dass durch Jesus eine Kontaktaufnahme mit Gott, der letztgültigen Wirklichkeit, möglich ist."[102] / [103]

- **Drewermann** betont existenziale mythologische Bezüge, es gehe darum:

„…die Religion mit der Wirklichkeit des menschlichen Lebens zu verbinden, wie es die alten Texte in ihren Mythen und Legenden gerade zu tun versuchten."[104]

---

[100] ders.: S.45, vgl. auch **Vogler, Christopher** 2004, S.23: „Wie jeder Archetypus, jede Philosophie oder Weltanschauung kann auch die Gestalt des Heros manipuliert und mit verheerender Wirkung für ideologische Zwecke eingesetzt werden." Vogler, ebenfalls Drehbuchautor wie Hammann, bezieht sich ausdrücklich auf Campbells Heldenreise.
[101] **Drewermann** 1989, S.573
[102] **Theißen** 1997, S.31
[103] Vgl. auch **Pannenberg** 1972, S.66ff., der die Bedeutung von Mythos und Symbol als lebendige Aspekte der Verkündigung in der christlichen Theologie sieht
[104] **Drewermann** 1990, S. 18 / 19

- **Scharfenberg,** (ebenfalls wie Drewermann ebenso Theologe wie Psychoanalytiker) bekannte sich zu der Annahme, „…daß den …Problem- oder Konfliktfeldern der menschlichen Existenz bestimmte Symbolfelder der christlichen Überlieferung entsprechen…" und sprach von einem gemeinsamen „…Schlüssel für das Verstehen des Menschen und das Verstehen der christlichen Symbole…"[105]
- **Gräb** bestätigt ebenfalls indirekt Motive der Heldenreise als existenzielle Fragestellungen aus der heutigen Lebenswelt an Religion: „Es sind die lebenspraktischen Sinndimensionen des individuellen Geschicks, der persönlichen Identität und der sozialen Beziehungen, die Fragen von Krankheit und Sterben, Glück und Unglück, nach dem Guten und dem Bösen, die Fragen nach Selbstverwirklichung und Verantwortung für andere, in denen Antworten von Kirche und Christentum erwartet werden."[106] / [107]

Die ausgewählten Zitate machen deutlich, dass mythologische Bezüge die frohe Botschaft nicht verwässern oder entstellen (hier sei an Schmidt-Rost von Kapitel 3.1.: Medien und christliche Verkündigung erinnert); und auch keine esoterische oder abgehobene weltfremde Spinnerei in fantastische Theologie darstellen; sondern dass durch lebensweltorientiertes Aufgreifen medialer Einflüsse neue Anknüpfungspunkte für ein Kommunizieren des Evangeliums entwickelt bzw. wieder gefunden werden können, sollen und dürfen.

4.3. Anknüpfungspunkt Vorbild und Heldenreise beim TV-Superstarkult
4.3.1. Kommerzielle Aspekte von medialen Vorbild- und Heldenangeboten
Die bis jetzt erzielten Erkenntnisse lassen sich überleiten in bestimmte aktuelle Medientendenzen. In Beispielen erfolgreicher Filme sind zwar religiöse Aspekte und „echte" mythologische Heldenreisen enthalten, aufgrund der von **Hammann**

---

[105] **Scharfenberg** in: Zeitschrift Concilium 1978, S. 90 / 91
[106] **Gräb** 2002, S.43
[107] Bemerkenswert, was neben diesen Theologen Medienfachleute wie **Badamchian** 2009, S. 7, über Mythen und ihre Wirkungen aussagen: „Der Mythos wird in der Vorstellung oft als antiquiertes und monumentales Konstrukt auf ein Podest gestellt, steht aber tatsächlich in einem engen Verhältnis zu unserer sozialen Wirklichkeit. Jedes Mal, wenn ein ‚Image' geschaffen wird, wenn man uns ein Ideal oder ein Feindbild präsentiert, wenn sich Gut und Böse in einer beliebigen Form gegenüber stehen, begegnen uns Abbilder von mythologischen Strukturen, die im kollektiven Unbewussten verankert sind. Der Film als Medium ist ein effektiver Träger des Mythos, insbesondere wenn er in einem soziokulturellen Kontext angelegt ist, der einen Diskurs über seine Inhalte anregt…Veränderungen der Medientechnologien bewirken unmittelbare soziale Veränderungen in der Gesellschaft."

erwähnten Sehnsüchte der Konsumenten gelingt es der Medienindustrie jedoch anscheinend mühelos, „massenhaft" und im manipulativen Sinne Produkte anzubieten, die mit Teilaspekten von religiösen bzw. mythologischen Bezügen anlocken und binden – wie in Kapitel 3.2. und 4.2. aufgezeigt, mit gewissen „Nebenwirkungen" aufgrund einseitiger Vorbilder.

Röll beschreibt dies folgendermaßen: „Entgegen den traditionellen Gesellschaften werden in modernen Gesellschaften keine Riten eingesetzt, um in sozialen Übergangssituationen Hilfestellung zu leisten…Die Medien treten in dieser Lücke und übernehmen ‚klammheimlich' diesen Part…Während bei den traditionellen Gesellschaften die Vor-Bilder für das eigene Verhalten bindend sind, haben die heutigen Medien-Vorbilder keinen determinierenden Einfluß."[108] Er erwähnt damit auch, was im Motiv der Heldenreise schon immer ein lebensweltorientierter Aspekt war (vgl. Kapitel 4.2.), der gerade für Jugendliche von großer Bedeutung ist: das Motiv der Bewährung, der Selbstfindung, wie er im Ritual der Initiation überliefert war.[109] / [110]

Wie kann nun praktisch darauf aufgebaut werden?

4.3.2. Vorbildthematik bei Mendl

a) Mendl hat 2005 betont, dass trotz aller medialen Einflüsse nach seinen Kenntnissen Kinder und Jugendliche erstaunlich „souverän" mit „medialen Helden" umgehen würden und zwischen Bewunderung einerseits (für mediale Stars, Heldenfiguren) und Identifikation als Vorbild (private Vorbilder wie Vater, Mutter, „local heroes" wie Lehrer etc.) gut unterscheiden könnten.[111] Eine unbedingte Begriffsunterscheidung zwischen Stars und Helden sei nicht zwingend; außerdem sei der Begriff des „Helden" nicht mehr so negativ geprägt. Mendl beobachtete bereits 2005 eine „Rückkehr der Helden" in den Medien.[112] / [113] Er kritisierte di-

---

[108] **Röll** 1998, S.415 / 416
[109] **Anmerkung:** Bei einer kurzen Durchsicht des Evang. Kirchengesangsbuch ist es überraschend festzustellen, wie oft das Wort „**Held**" für Jesus verwendet wird, z. B. (Liednr. / Strophennr.): EGB 73, 1 / 104, 1,2,3, / 109; 2, 11 / 112, 2 / 113, 3
[110] Zum Thema Initiation interessant: **Richard Rohr:** „Vom wilden Mann zum weisen Mann", 2009, ursprünglich USA 1990, oder **Rohr:** „Endlich Mann werden"2009, original USA 2004
[111] **Mendl** 2005, S. 206 / 207: „Jugendliche suchen diejenigen medialen Gestalten…heraus, die sie in ihren Alltagserfahrungen gerade brauchen, die Antworten auf ihre Lebensthemen, Sehnsüchte und Begrenztheiten geben…" Er erwähnt auch Studien, aus denen hervorginge, dass Jungs eher männliche Vorbilder bennenen, und sie – häufiger als Mädchen - Sportler auswählen (S.213).
[112] Ebd.: S.35

verse Umfragen zum Thema Vorbilder aus den Jahren 1997 / 2000, die aufgrund ihrer Frageformulierung und vorab erfolgten Fragestellungen nicht klar aussagekräftig seien. Mendl war interessiert daran, inwieweit mediale Stars bzw. Heldengestalten die Wahrnehmung von Kindern und Jugendlichen in puncto Vorbild beeinflussen würden.

Auch diese Arbeit stellt sich dieser Frage, zusätzlich unter dem Aspekt, ob und wie sich dies 2011 weiterentwickelt hat – (Inwieweit unterscheiden Jugendliche zwischen Vorbildern und Stars? Welche Werte verbinden sie damit?) – weitergehend auch mit der Fragestellung nach einem Anknüpfungspunkte für BRU - SuS bezüglich der Wahrnehmung von Jesus.

4.3.3. Aktueller medialer Starkult im Medium Fernsehen

b) In der Tat hat sich im Fernsehen (als audiovisuellem Medium mit Zugangsmöglichkeit für praktisch alle Jugendliche) ein „Starkult" entwickelt:
Die RTL-Talentwettbewerbe mit Dieter Bohlen, „Deutschland sucht den Superstar" (abgekürzt: „DSDS", seit 2002) und Heidi Klums „Germany's next Topmodel" (abgekürzt: „GNT", seit 2006).
Auch **Mendl** erwähnt Dieter Bohlen bereits 2005 als „Medienpapst" und kritisiert dessen „…öffentlich drastische abwertende Bewertung von Gesangs- und Tanzleistungen…"[114] Seit fast 10 Jahren ist Bohlen damit sehr erfolgreich und hat damit bereits einen jahrelang andauernden Einfluss auf Kinder und Jugendliche.
Der Superstarkult hat z. B. nach **Grünewald** (Markt- und Medienforschungsstudie von 2007) große Auswirkungen auf Jugendliche: „Sie träumen davon, Superstar zu werden, im selben Moment haben sie Angst vor Hartz IV."[115] Des Weiteren kommentiert er: Das Weltbild der Jugendlichen schwanke „….zwischen Himmel und Hölle….."
Dieses Weltbild wird also mit religiösen Symbolen beschrieben; diese jugendliche Hoffnung auf Superstar-Potenzial trägt quasi-religiöse Züge von Erlösung oder Verdammnis. Diese religiös-mythische Symbolik sind ein Beleg für „neue My-

---

[113] Leider wenig beachtet: **Nübel / Polnau 1988**, die „Jesus als Held" thematisieren wollten und als Ergänzung zur historisch-kritischen Exegese die tiefenpsychologischen Aspekte des Archetyps Held u. a. mit Bezug Halbfas, Kassel und Pannenberg einforderten.
[114] Mendl 2005, S.218
[115] Hierzu **Grünewald**, *Kölner Institut Rheingold: Einrichtung für Tiefenpsychologische Markt- und Medienforschung*. Es handelte sich um eine Studie über die Lebenswelt und Lebenshaltung deutscher Teenager mit Interviews von 40 Jugendlichen zwischen 12 und 17 Jahren aus dem Jahr 2007. Das Zitat stammt aus seiner Präsentation der Forschungsergebnisse am 31.05.2010.

thenbildungen"(vgl. Brockhaus in Kapitel 4.1.) und belegt, wie Jugendliche mit diesem „Superstarkult ihre Versagensängste gegenüber den Lebensaufgaben (vgl. aktuell unsichere Lebenssituation Kapitel 2.1. / 2.2.) Ausdruck geben. Diese einseitige und „dämonische" (vgl. Hammann Kapitel 4.2.2.) Auswirkung wird symbolisch selbstbewusst visualisiert: Dieter Bohlen posiert auf einem Foto in einer TV-Zeitschrift, dabei zeigt er lächelnd mit einer Hand mit dem Daumen nach oben, die andere Hand zeigt mit dem Daumen nach unten… (ähnlich wie im römischen Gladiatorenkampf der Kaiser über Leben oder Tod bestimmte – ebenfalls ein symbolisch-mythischer Bezug).[116]

Diese „Leben oder Sterben" - Pose bestätigt zutreffend, wie in DSDS ganz bewusst religiöse bzw. initiationstypische Aspekte von Krise und Bewältigung, vielleicht sogar „Heil- oder Verdammnis" ausgenutzt bzw. persifliert werden.

Bei „DSDS" werden weitere einseitige Züge einer Heldenreise in Etappen absolviert: In mehreren Runden werden immer weiter jugendliche Kandidaten aussortiert, bis nur noch eine(r) übrig bleibt. Bohlen agiert als eine Art Mentor oder Initationspriester, der zwar immer wieder Ratschläge und Kritiken äußert - aber eben nicht im wohlwollenden Sinne einer Initiation, in welcher jede(r) Unterstützung erhält, wächst und seine Aufgaben bewältigen und in die Gemeinschaft aufgenommen werden kann, wie in ursprünglich traditionalen Initiationsritual.[117] Bohlen imitiert eher einen Inquisitor, denn seit Jahren wird zwar eine Art „Ich hab's geschafft" in Form einer Superstarkarriere versprochen (= „Himmelreich"), aber die Dauer einer solchen „Superstarkarriere" ist belegbar kurz und birgt dramatische Risiken von psychischem, physischem und kommerziellem Absturz, wie ehemalige Gewinner derartiger „Superstar" - Inszenierungen in einem eigenen Buch erschütternd dokumentiert haben (= „Hölle").[118]

Der Motor derartiger Vorgänge ist eine kommerziell interessierte Medienindustrie, die Aspekte von Initiationsritualen bzw. religiösen Erlösungsmotiven benutzt in Ausnutzung der Anerkennungs- und Erlösungssehnsüchte von Jugendlichen (vgl. **Hammann / Röll** in Kapitel 4.2.2.). Es ist erschütternd, dass laut einer Zuschauerquotenerhebung der Fernsehzeitschrift „TV-Spielfilm" Dieter Bohlens

---

[116] Zeitschrift „TV-Spielfilm" 7 / 11, 26.03.2011 – 08.04.2011, S.10
[117] Aus Gründen des Umfangs dieser Arbeit kann Heidi Klums „GNT" nicht behandelt werden
[118] **Grimm / Kesici** 2009: „Sex, Drugs und Castingshows"

„DSDS" immer noch an erster Stelle steht (bezogen auf den Sendezeitraum vom 18.02.2011 bis 25.02.2011).[119] Damit ist „DSDS" seit fast 10 Jahren ein kommerziell erfolgreiches und prägendes Medienspektakel.

Aufgrund des symbolischen Bezugs von „DSDS" zu quasi-religiösen Heilsversprechen bzw. mythischen Bezügen und seiner lang andauernden und gesellschaftlich weiten Bekanntheit wäre dies ein geeigneter Untersuchungsgegenstand für eine mediale Beeinflussung Jugendlicher mit mythogenem bzw. quasi-religiösem Charakter.

Mit den Begriffen „Star" könnte, in Verbindung mit **Mendls** Aspekt „Vorbilder" in einer Umfrage die mediale Beeinflussung näher untersucht werden:
- Welche Auswirkungen hat der Starkult?
- Können die BRU-SuS (noch) zwischen Stars (quasi: inszenierten, einseitigen Helden) und Vorbildern (quasi echten Helden) unterscheiden? (vgl. **Mendl**, s.o.)
- Und wie nehmen Jugendliche Jesus wahr – als Vorbild, Held, Star, oder immer noch klassisch als Erlöser, Heiland usw.?[120]

4.4. Anknüpfungspunkt Jesus als lebendiges Symbol

Es stellt sich die Frage, wie angesichts der medialen Beeinflussungen und in Kapitel 2 beschriebenen distanzierten Haltung vieler Jugendlicher zur Kirche die Gestalt Jesu von Jugendlichen überhaupt wahrgenommen wird.

Spannend erscheint diese Frage, und gleichzeitig kann gewissermaßen erleichtert zur Kenntnis genommen werden, dass die Gestalt Jesu immer schon ein sehr schwer erfassbarer und unterschiedlichste Reaktionen auslösender Teil der christlichen Religion ist. Dies ist schon allein in den Unterschieden der vier Evangelien deutlich[121]. Im Sinne der Bezüge dieser Arbeit zu Mythos und Symbol wird dargestellt werden, dass Jesus als „lebendiges Symbol" im Kontext der jeweiligen Zeitepochen, Autoren und Adressaten von Überlieferungen immer wieder neue Erkenntnisse und Botschaften vermitteln vermag.[122] / [123]

---

[119] Zeitschrift „TV-Spielfilm" 7 / 11, 26.03.2011 – 08.04.2011, S.10
[120] **Mendl** 2005, S.202: „Wie verstehen Kinder bzw. Jugendliche Jesus, was bedeutet er ihnen?"
[121] Dazu als Beispiel **Theißen** 2010: „Das Neue Testament", S.21ff.; oder **Theißen / Merz** 1997: „Der historische Jesus", S.41ff.
[122] Vgl. **Kunstmann** 2010, S. 136, der Jesu „Vielgestaltigkeit" betont: vom verweichlicht blickenden Hirten bis zum Sozialrevolutionär, vgl. auch Aspekte von **Theißen** in Kapitel 3.2.)
[123] Vgl. auch **Kassel** 1980, S.187: Jesus als Symbol

Mit den nun folgenden Exkursen soll aufgezeigt werden, warum und in welchem Umfang mit Jesu als „lebendigem Symbol" vielfältigste Anknüpfungspunkte hergestellt werden können – weil er selbst immer wieder neu das „Medium Gottes" ist und immer wieder neu wahrgenommen wird.

4.4.1. Jesus in der frühen Kirchengeschichte: Gottähnlich oder gottgleich?[124]

Die christlichen Urgemeinden überwanden die sozialen Schranken der antiken Welt: Männer und Frauen, freie und Sklaven feierten gemeinsam in ihren Gottesdiensten bzw. in den Abendmahlsfeiern.[125] Der neue Glaube bot viele Aspekte: Jesus galt als der erschienene Messias; Gott begegnete durch Jesus, und im heiligen Geist kam Jesus selbst zu den Jüngern (2.Korinther 13,13)[126] – damit wurde ein Trinitätsverständnis (Dreieinigkeit Gottes) deutlich.

Leider ergaben sich damit immer schon Verständnisprobleme – wie konnte z. B. erklärt werden, dass man eigentlich nur an einen einzigen Gott glaubte?

- Tertullian (ca. 150 – 225) gebrauchte das Bild von Wurzel, Strauch und Frucht, um Begriffe für Vater, Sohn und heiligem Geist zu finden[127] – es also zwar Unterschiede gebe, aber alle miteinander zusammen hingen.

- Origenes (gest. 254) brachte ein, das Gebet zu Jesus abzulehnen, da Jesus nicht gottgleich sei. Die Schwierigkeiten, Jesus zu definieren, waren groß.

- Arius (gest. 336) vertrat die Lehre einer strengen Unterordnung des Sohnes (gottähnlich, nicht gottgleich) – damit wollte er Klarheit schaffen, schuf aber gleichzeitig das Problem (ähnlich wie bereits Origines) „…dass durch Christus …keine volle Gotteserkenntnis vermittelt wird."

(**Lohse** kommentiert: „…im Grunde endet Arius bei zahlreichen ungelösten Problemen, die dazu viel größer sind als diejenigen, die er hatte lösen wollen.")

Das Konzil von Nicäa 325 schaffte keine wirkliche Einigung, von 325-361 behaupteten sich z. B. die Anhänger der von Origines geprägten Lehre mit Unterstützung der Kaiser – und so beendete erst 381 das Konzil von Konstantinopel wirklich den arianischen Streit. Es dauerte jedoch bis zum Konzil von Chalcedon

---

[124] Der gesamte folgende Abriss 3.4.1. ist komplett entnommen: **Freudenberger** 2010, S. 19-20 (Druckausgabe) (der Abschnitt vor Zeilinger wurde herausgekürzt und in der Beschreibung bzgl. Zeilingers Zitat wurde das Wort „Problematik" durch „Phänomen" ersetzt)
[125] **Gutschera / Maier / Thierfelder** 2006, S. 19
[126] **Lohse** 1994, S.47:
[127] zum folgenden Abschnitt **Lohse** 1994, S.50f./ 54 / 65 / 56 / 260ff.

(451), bis eine ausgeklügelte Wortwahl gefunden war, mit der die Probleme der Deutung Jesu zum letzten Mal gelöst werden sollten: Jesus Christus als wahrer Mensch und wahrer Gott: ungetrennt, unvermischt, unverwandelt, ungesondert; mit zwei Naturen; unbeschadet ihrer Vollständigkeit und Besonderheit zu einer Person vereinigt.

Zeilinger findet zu dieser scheinbaren Schwierigkeit, Jesus zu eindeutig zu definieren, treffende Worte: „Es bleibt ein Geheimnis, das der Mensch nicht fassen kann".[128] Genau damit kann Jesus als „lebendiges Symbol" bezeichnet werden.

4.4.2. Jesus als Mensch: Vom Vorbild bis zum Superstar

In der Aufklärung und Moderne wurde und wird Jesus mit kritischem Abstand zur Kirche betrachtet und seine menschliche Seite betont. So schrieb z. B. der libanesische Schriftsteller **Kahlil Gibran**: „Seit neunzehn Jahrhunderten betet die Menschheit in der Person Jesu die Schwachheit an. Jesus aber war stark; doch sie verstehen die wirkliche Stärke nicht."[129] Bei **Gibran** zeigt sich damit ein großer Respekt vor Jesus.

Eindeutig heldenhaft und sehr kirchenkritisch erscheint Jesus bei **Nietzsche**: „Die Kirche ist exakt das, wogegen Jesus gepredigt hat - und wogegen er seine Jünger kämpfen lehrte."[130]

Der überzeugte Atheist **Erich Kästner** zollt Jesus seinen Respekt in seinem Gedicht: „Dem Revolutionär Jesus zum Geburtstag". Eine kritische Würdigung, weil Jesu Opfer leider aber wirkungslos geblieben sei. Kästners Sicht könnte im Unterricht anregend diskutiert werden.[131]

Die Theologin und Psychotherapeutin **Hanna Wolff** beschrieb Jesus als „Psychotherapeut", weil sie in seiner „Menschenbehandlung das Modell moderner Psychotherapie" erkannte.[132] Somit entstehen auch bei Wolff (wie Scharfenberg / Drewermann sowohl Psychotherapeutin wie Theologin) positive Anreize zur

---

[128] **Zeilinger** 1990, S.159
[129] **Gibran** 2003, S.552, sehr schön auch im Sinne einer Urspünglichkeit und Nähe zum menschen S.553: „Jesus ist nicht in diese Welt gekommen, um die Menschen zu lehren, hoch aufragende Kirchen und gewaltige Tempel neben kleinen Hütten und engen Häusern zu errichten, sondern er kam, um die Herzen der Menschen zu Tempeln zu machen, ihre Seelen zu einem Altar und ihren Geist zum Priester." Seine Texte entstanden bereits in den 1920er Jahren
[130] **Nietzsche** 1969, S.250; dazu passend auch der Theologe **Kunstmann** 2010, S.135: „Jesus wird zum ‚Gefangenen' seiner Kirche."
[131] in: http://www.yolanthe.de/lyrik/kaestner02.htm, vom 12.08.2010
[132] **Wolff** 1986, Zitate direkt aus dem Buchtitel

Wahrnehmung von Jesus. Selbst kirchenferne und religionskritische BRU-SuS könnten damit produktive Anreiz- und Begegnungspunkte mit der Gestalt Jesu finden.

In der Rockoper „Jesus Christ Superstar" von Andrew Lloyd-Webber und Tim Rice (1969) wurde Jesus im Kontext der kritischen Töne seiner Zeit nur als Mensch dargestellt. Interessanterweise bietet die Rock-Oper trotzdem erstaunlich viele Facetten eines Jesusbildes, was (neben der künstlerischen und musikalischen Dimension) dazu beiträgt, dass nach über 40 Jahren nach der Entstehung dieses Werk immer noch erfolgreich aufgeführt wird.[133] In diesem Werk kann Jesus interpretiert werden als:

- Opfer der religiösen Institution seiner Zeit (in Bezug auf Priester / Pharisäer), was 1969 sicherlich auch kirchenkritisch gemeint war
- als politisches Opfer seiner Zeit (bzgl. Pilatus), was natürlich 1969 ein Seitenhieb auf reaktionäre politische Kreise war
- als Opfer des Kapitalismus (Tempelsäuberung, Herodes als „Partyking"), ebenfalls ein gesellschaftskritischer, linksgerichteter Appell
- als interessanter Mann mit erotischen Aspekten; ein Thema, das sich in alten Legenden bzgl. Maria Magdalena finden lässt oder z. B. in Dan Brown's „Sakrileg" aktuell sich niederschlug
- und nicht zuletzt als „Superstar", obwohl das Volk ihn teilweise ablehnte

4.5. Schlussfolgerungen

Insgesamt werden in Kapitel 4.4.1. und 4.4.2. zwei Aspekte bestätigt: Einerseits „Jesus als lebendiges Symbol", dem je nach Zeit- und Lebensbezug der Wahrnehmenden sehr viele Bedeutungen zugewiesen werden können; und andererseits bereits eine Hinführung zum aktuellen Bezug „Superstar" als Synonym für Vorbild, Held, Star, Revolutionär, Psychotherapeut, als Mann etc...

Vielleicht lassen sich damit auch die Kritiken von Gibran und Nietzsche positiv (Kapitel 4.4.1.) aufnehmen und tendenziell „einseitige kirchliche Überlieferungen" von Jesus überwinden.

---

[133] Vgl. **Freudenberger** 2010, S.10ff., vgl. auch **Reuber** 2007 „Werkanalyse"

Aufgrund der dargestellten Bedeutung von Symbolen und mythischen Bezügen gerade für jugendliche Glaubensentwicklung und entwicklungspsychologische Lebensaufgaben im Kontext „neuer medialer Helden" wird hier ein besonderes Potenzial als Anknüpfungspunkt gesehen.

5. Forschungsdesign: Wie nehmen vom Starkult beeinflusste BRB-SuS die Gestalt Jesu wahr?

Aufgrund der in Kapitel 2-4 erarbeiteten Erkenntnisse soll nun eine Umfrageaktion konzipiert werden, um zum einen die Erkenntnisse überprüfen zu können und zum anderen die Wahrnehmung von SuS bezüglich Vorbildern und „Jesus als Star" erfassen zu können.

5.1. Quantitative Forschung

5.1.1. Vorteile einer quantitativen Befragungsaktion

Der Rahmen dieser Untersuchung eignet sich für standardisierte Fragestellungen [134], die außerdem im Kontext mit einer Fragebogenaktion in Klassenverbänden eine hohe Massenzahl (Repräsentativität!) und eine rasche, hohe Rücklaufquote erwarten lassen können. Dies alles kann (mit Unterstützung von motivierten BRU – LehrerInnen) mit einem gleichzeitigen und verhältnismäßig geringen Aufwand erreicht werden.

Ort und Gelegenheit sprechen ebenfalls für eine quantitative Umfrage mit einem Fragebogen, da der BRU für ein Austeilen, Beantworten und Einsammeln einen beständigen Ort (Schule) und Zeit (Unterricht) bietet. [135] Auch können hier leicht unterschiedliche BRU – Klassen einfach und sicher erreicht werden, ohne von situativen Gelegenheiten und Zufällen (z. B. wie in individuellen Interviewsituationen) abhängig zu sein. [136]

Zusätzlich ist ein Fragebogen niederschwelliger als eine Interviewumfrage, weil Anonymität garantiert ist und die Überwindung zum Beantworten bzw. Ausfüllen eines Fragebogen aus Sicht der Zielgruppe BRU - SuS (also im Klassenverband) sehr niedrig sein dürfte – verglichen mit einer Interviewaktion z. B. auf einem Schulhof mit vielen Unwägbarkeiten (verbale Ausdrucksfähigkeiten / Vergleichbarkeit der Umfragesituationen, zeitliche Belastung etc.). [137]

---

[134] vgl. **Kromrey** 2006, S. 30: Standardisierung der Messsituation, intersubjektive Nachprüfbarkeit
[135] Ebd.: S. 527: „…..Feldforschung in natürlicher Umgebung….."
[136] ebd., S. 32 / 35. „vergleichbare Handlungssituationen" , „Gleichzeitigkeit der Erhebung"
[137] ebd., S. 408: Eine weitere Unwägbarkeit ist z. B. die: „…..soziale Erwünschtheit….." bestimmter Antworten in Interviewsituationen, genau wie Stimmungen, Klima etc..

5.1.2. Rahmenbedingungen des BRU für eine Umfrage

BRU - Lehrerinnen berichten oft von spezifischen Milieus und von geringen Selbstwertgefühlen bei Berufsschülern.[138]

Die Zielsetzung des BRU wird in hohem Maße als **Chance zur Persönlichkeitsentwicklung** gesehen: „Der Religionsunterricht in der beruflichen Bildung stellt ein…Praxisfeld dar, auf dem Jugendliche biographische, berufliche, religiöse und ethische Fragen miteinander verknüpfen und sich breite Kompetenzen für die Lebensführung aneignen können."[139]

<u>Anmerkung:</u> Um so wichtiger erscheint es mir daher, die Lebenswelt und Sozialraumerfahrung solcher Schüler aufzugreifen und niederschwellige Einstiege im BRU zu finden, was auch Auswirkungen auf die Erstellung der Umfrage haben soll und muss.

Zu berücksichtigen ist der weite Spannungsbogen in beruflichen Schulen, z. B. von der Förderberufsschule bis zum beruflichen Gymnasium, oder von der Vollzeitberufsschule eines BVJ ohne Abschlüsse oder betriebliche Ausbildungsverträge bis zur Fachschulausbildung im dualen System mit bereits bestehenden betrieblichen Lehrstellen und periodischem schulischem Unterricht in Blockform.

<u>Anmerkung:</u> Bei einer Umfrage über mehrere Klassen und Züge hinweg wird es wichtig sein, die Umfragen auch klassenbezogen getrennt zu erfassen, um derartige Unterschiede besser auswerten und differenzieren zu können. Dies wurde in der vorliegenden Arbeit in Planung und Auswertung weitmöglichst berücksichtigt.

---

[138] **Kromrey** 2006,, S.17
[139] **Rat der EKD** 2010 , S.63, vgl. auch Schweitzer 2010

5.1.3. Folgerungen und Fragestellungen

Es soll **niederschwellig und ergebnisoffen** (Möglichkeiten für freie Antworten) angeknüpft werden an die mediale Welt der Jugendlichen, reduziert auf den Bereich des Starkultes unter folgenden Fragestellungen:

> a) Welche Korrelationen von Geschlecht, Religion oder Alter zu den weiteren Fragen werden sich zeigen?
> b) Inwieweit unterscheiden die SuS zwischen Stars und einem Vorbild? (vgl. **Mendl** in Kapitel 3.3. , spätere Frage 1 im Fragebogen)
> c) Welche christlich-ethischen Werte verbinden vom medialen Starkult beeinflusste Jugendliche mit einem Vorbild? (Frage 2)
> e) Jesus als lebendiges Symbol: Wie werden die vom Starkult beeinflussten SuS die Gestalt Jesu wahrnehmen (zustimmend oder ablehnend)? (Frage 3)

5.1.4. Art und Weise der Auswertung

Die Eingabe der Fragebogenergebnisse mit Tabellendarstellungen bzw. Berechnungen in Prozenten wurden mit dem Grafstat – PC - Programm erstellt. Hierbei ließen sich die Grundauswertungen als Tabelle extrahieren.

Da es sich jedoch zeigte, dass die Gestaltung als Säulen- oder Kreisdiagramme in Punkto Deutlichkeit der Beschriftungen und detaillierten Farbzuweisungen nur mangelhaft möglich war, wurden die Tabellen in Exceltabellen übertragen.

Alle dargestellten Kreis- und Säulendiagramme in Kapitel 4 sind daher mittels Excelprogrammen erstellt (Version 2003).

5.2. These: Der mediale Starkult beeinflusst die Wahrnehmung der Gestalt Jesu bei BRU - SuS.

Aufgrund der umfangreichen und tiefgehenden religionspädagogischen wie theologischen Vorarbeit in dieser Untersuchung war es für den Verfasser dieser Arbeit nicht leicht, an diesem Punkt nun eine leicht verständliche Fragestellung mit niederschwelligem Charakter zu entwerfen. Da jedoch das Ziel dieser Studie gerade in der Entwicklung derartiger Anknüpfungspunkte an die Lebenswelt von BRU-SuS besteht, muss sich dieses Ziel explizit bereits im Fragebogenentwurf wieder finden.

Durch Konzentration auf die lebensweltrelevanten Phänomene des TV-Starkultes wurde dies erleichtert.

Der Fokus wird darauf gerichtet, ob Jesus mit einem Star (mythologisch: Held) verglichen werden kann, oder ob diese Wahrnehmung z. B. aus religiöser Sicht abgelehnt wird (Jesus würde also noch in religiösen Begriffen definiert wie Erlöser, Heiland etc.), ob eigene Wahrnehmungen in offenen Antwortmöglichkeiten formuliert werden (Jesus ist für mich…): Hat der Starkult Auswirkungen auf die Wahrnehmung der Gestalt Jesu durch BRU – SuS?[140]

Die Konzeption intendiert, selbst im Falle einer Nicht-Bestätigung dieser These (z. B. durch offene Antwortmöglichkeiten) authentische Hinweise auf die Wahrnehmung der Gestalt Jesus gewinnen zu können.

5.3. Der Fragebogen: Zielsetzungen und Intentionen[141]

5.3.1. Konzeptionelle Kriterien des Fragebogens

Folgende Kriterien sind bedeutsam:
- niederschwellige und einfache Fragestellungen für die Schüler
- aussagekräftige Ergebnisse / getrennt auswertbar nach Klassen
- im Rahmen dieser Studie bewältigbar und darstellbar

Da aufgrund der dargestellten Voraussetzungen im BRU mit SuS zu rechnen ist, die teilweise Defizite mit Lesen und Schreiben bzw. Ausdrucksfähigkeit verbaler und schriftlicher Art haben dürften, wurden in den Antwortmöglichkeiten immer auch bestimmte Angebote zum ankreuzen bewusst ausgewählt – damit wurde die Ergebnisoffenheit bewusst eingeschränkt. Dies wurde jedoch als unvermeidbar eingeschätzt, um auch SuS mit niedriger Motivation zum Beantworten bzw. Ausfüllen des Fragebogens zu animieren werden (vgl. spätere hohe Akzeptanz in 4.4. – nur zwei Fragebögen mussten aussortiert werden).

Diese teilweise vorgegebenen Antwortmöglichkeiten sind so konzipiert worden, dass sie dennoch aussagekräftige Deutungen ermöglichen sollen. In diesem Sinne wird z. B. die Gestalt Jesu auch für atheistisch eingestellte SuS Anreize zur Be-

---

[140] Vgl. **Kromrey** 2006, S. 38 / 41 / 42 / 53 Hypothese ist widerlegbar oder kann umformuliert werden, falls der postulierte Kontext nicht bestätigt wird.
[141] Der Fragebogen befindet sich im Anhang

antwortung bieten, weil in den Antwortmöglichkeiten Aspekte heldentypischer Art geboten werden und nicht nur eine rein kirchliche Sprache mit rein theologischen begriffen wie Erlöser, Heiland oder ähnlichem.
Zusätzlich wurden in der ersten Frage (Vorbild) und dritten Frage (Jesus als Star) auch offene Antwortmöglichkeiten angeboten, um direkt Einblicke in die Wahrnehmung der SuS mit ihren eigenen originären Aussagen zu erhalten. Diese verdienen besondere Beachtung (s. 4.5.7.3.) , um möglichst direkte Anknüpfungspunkte an deren Lebenswelt entwickeln zu können.

5.3.2. Die Forschungsfragen und die Gestaltung des Fragebogens
5.3.2.1. Geschlecht, Religion oder Alter

> a) Welche Korrelationen von Geschlecht, Religion oder Alter zu den weiteren Fragen werden sich zeigen?

Zu Beginn werden anonym die Daten nach Alter, Geschlecht und Religion erhoben. Eventuelle Relationen zu den anderen Fragen lassen sich damit bereits erkennen (Interessant wäre z. B.:

- Tendieren Mädchen / Jungs zu unterschiedlichen Gewichtungen? Hierbei sind besonders die Aspekte von Vorbildern in der Jungen-Pädagogik aus Kapitel 3.2. relevant
- Welche Aussagen häufen sich bei SuS „ohne Religion"? Hier wäre interessant, ob Jesus aus atheistischer oder kirhenkritischer Sicht (ähnlich wie bei Kästner in Kapitel 4.4.3.) Anknüpfungspunkte bzgl. Anerkennung oder Tauglichkeit als humanes Vorbild bieten kann

Die Lebensalter wurden auf das typische Kientel in beruflichen Schulen bezogen, also SuS frühestens ab Hauptschulabschluss (Alter ab 15 Jahren), bei beruflichen Gymnasien (typischerweise ab ca. 18 Jahren), aber auch deutlich späteren Altersjahren, z. B. bei Aufnahme einer zweiten Berufsausbildung.
Um dem gerecht zu werden, wurden drei Altersbereiche ausgesucht:
15 – 17 Jahre, 18 – 21 Jahre: 22 Jahre und älter

Bei der Frage „Dein Glaube / Religion" wurden folgende Möglichkeiten zum ankreuzen geboten:

bin gläubig / bin eher kritisch / christlich / muslimisch / buddhistisch / ohne Religion

Damit wurde intendiert, zwei Entscheidungen zu treffen: Eine gläubige oder kritische Zuordnung zum jeweiligen religiösen Bekenntnis.

5.3.2.2. Frage 1: Wer ist für Dich ein Vorbild?

b) Inwieweit unterscheiden die SuS zwischen Stars und einem Vorbild? (Frage 1:)
1.Wer ist für Dich ein Vorbild?   Bushido___, Xavier Naidoo____ Lady Gaga____ Rihanna____ Sido__   Beyoncé_____ Eigener Vorschlag:_____

Der niederschwellige Einstieg wird mit der klaren Eingrenzung auf mediale Musikstars versucht, die allen SuS über TV und Magazine sowie Musikhören bekannt und zugänglich sein dürften. Bei szenetypisch Musikstilen wie auch PC-Spielen wäre eine allgemein vergleichbare Bekanntheit kaum gegeben.

Die Auswahl ist auf drei weibliche und drei männliche Stars reduziert. Diese verfügen im Internet und in Jugendzeitschriften über eine allgemein große Bekanntheit / aktuell großen Erfolg und haben sehr unterschiedliche „Images".

In der Regel werden Vorbilder des eigenen Geschlechts bevorzugt, außerdem tendieren Jungs eher zu Sportlern[142]

(Mendl weist darauf hin, dass eine präzise Unterscheidung z. B. zwischen medialen Stas und klassischen Helden heute nicht mehr relevant sei - „…sie entziehen sich einer exakten definitorischen Bestimmung.". Entscheidend sei, ob oder was als „Lebensstil-Typologie" von den entsprechenden Personen geboten würde.[143] Obwohl er eine Renaissance des Begriffes „Helden" sieht, sei dieser immer noch aufgrund der deutschen Geschichte belastet.)

- **Bushido** (Name jap., bedeutet "Weg des Kriegers"), deutsche Texte, Rapper mit „Gangsta-Image", manche Texte sind indiziert und handeln von Gewalt und sexuell grenzwertigen Schilderungen.[144]

---

[142] Vgl. Mendl 2005, S.213
[143] Ders.: S.38.41
[144] Zu Bushido: http://www.laut.de/Bushido

- **Xavier Naidoo**, deutsche Texte, seine manchmal sentimentalen Liedtexte und Interviews enthalten deutlich immer wieder christliche und sozialkritische Bezüge, er bietet ein christliches Image ohne Drogenexzesse oder Skandale.[145]
- **Lady Gaga**, sehr provokative, teilweise skandalträchtige Outfits und Texte [146]
- **Rihanna**, ehemalige Schönheitskönigin, etwas lockereres Image wie Beyoncé [147]
- **Sido**, deutsche Texte, Rapper, zwar ähnlich wie Bushido, früher mit siberner Totenkopfmaske, gibt sich aber seit 2006 deutlich geläutert als Vater eines Sohnes mit seither sozialkritischen Texten denn als „Gangsta".[148]
- **Beyoncé**, hat christliche Wurzeln, und bietet ein ähnlich „sauberes" Image wie X. Naidoo ohne Skandale oder Provokationen.[149]

Die deutliche Frage nach dem „Vorbild" soll vom künstlerischen Erfolg auf die persönlich-ethische Ebene fokussieren: **Taugt einer dieser Stars für dich als Vorbild?**[150] Damit sollen die SuS zwar von einem mehr oder weniger differenzierten Angebot medialer Stars ausgehen können – die SuS haben aber die Möglichkeit, vom Starbezug völlig unabhängig auch eigene Vorschläge benennen zu können (Familie, Sport, Politik etc.). Wie sehr wird die eingeschränkte Fragestellung die SuS „manipulieren"; werden sie persönliche, eigene Vorbilder außerhalb ihrer medial geprägten Lebenswelt benennen können (bzw: wollen)?

Des weiteren wäre es m. E. spannend, in der Auswertung festzustellen, ob es Zusammenhänge gibt von Distanz zur Religion / Jesus und gleichzeitigen **Präferenzen** zu Stars wie Sido / Bushido oder Lady Gaga, die von ihrem Image und ihrer Musik her durchaus als wenig christlich, sondern eher konsumorientiert - hedonistische Stars gelten können.

Eine dritte interessante Komponente in den Antworten dürfte sein, ob und inwieweit Mädchen / Jungs Vorbilder eher im gleichen Geschlecht sehen, oder immer noch gilt, was z. B. Mendl kritisch im Hinweis auf diverse Studien benannte: es

---

[145] Zu Xavier Naidoo ein Artikel von Thomas Klie: http://www.rpi-loccum.de/download/klxav.rtf
[146] Zu Lady Gaga: http://www.lady-gaga.de/
[147] Zu Rihanna: http://www.rihanna.de/
[148] Zu Sido: http://www.laut.de/Sido
[149] Zu Beyoncé: http://www.yavido.de/beyonce-gott-versteht-mich.htm?site=41
[150] Vgl. Mendl 2005, wie in Kapitel 3.3., z. B. tendieren Jungs eher zu Sportlern als Vorbild

gibt (immer noch) ein eindeutiges mediales Mehrangebot männlicher Heldengestalten.[151]

5.3.2.3. Wie soll ein Star sein, der/die ein echtes Vorbild ist?

c) Welche Werte verbinden vom Starkult geprägte Jugendliche mit einem Vorbild? (Frage 2)

3 Wie soll ein Star sein, der/die ein echtes Vorbild ist?
besiegt andere___   hilft anderen___   hat vor niemand Angst___
ist immer ehrlich___   hat besondere Fähigkeiten___   ist cool ___
wird geliebt___   ist fair / gerecht___   macht keine Fehler___
ist zuverlässig/ treu___   hat immer Erfolg___   sieht super aus___

Die Auswahl und Beschränkung auf eine übersichtliche Anzahl von Wertbegriffen im Sinne einer in diesem Rahmen durchführbaren Befragungsaktion ist zugegebenermaßen relativ willkürlich und schwierig. Die inhaltliche Auswahl erfolgte nach allgemein nachvollziehbaren Eindrücken und Erfahrungen aus der jahrelangen Tätigkeit des Autors in verschiedenen Arbeitsgebieten: als Religionslehrer, evang. Jugendleiter und kommunaler offener Jugendarbeiter, Erfahrungen als Schulsozialarbeiter und Erziehungsberater.

Es wurden *zwei eher neutrale Werte* gewählt („ist cool", „sieht super aus"), weil sie weder ethisch noch psychologische oder pädagogische besondere Aussagekraft besitzen: „Cool" kann die Summe der sonst gewählten Eigenschaften und Vorbildfunktionen beinhalten, und „sieht super aus" ist sehr individuell verschieden interpretierbar und stellt nicht notwendigerweise eine negative Fixierung dar. Die beiden Begriffe können als Überleitung von der vorherigen Frage, die Stars und Vorbilder erwähnte, dienen, um Niederschwelligkeit zu bewahren im Sinne eines nicht „moralinsauren" ethischen Tests.

Jedenfalls sind in dieser Frage fünf Attribute aus einer eher eindeutig erfolgsorientierten, also eher einseitigen Helden- und TV-Star-Ideologie („besiegt andere, hat vor niemand Angst, hat besondere Fähigkeiten, macht keine Fehler, hat immer Erfolg") und fünf Attribute, die allgemein als christlich bzw. hochwertig- ethisch gelten dürften („hilft anderen" entspricht christlicher Nächstenliebe[152]; die Begriffe „ist immer ehrlich", „ist fair / gerecht" und „ist zuverlässig/ treu" präsentieren

---

[151] Mendl 2005, S. 213
[152] Vgl. Dekalog 2. Mose 20; Mt 7,12: Goldene Regel, Barmherziger Samariter in Lk 10

Sehnsüchte nach krisenbeständigen, dauerhaften Werten, die durchaus christlicher Ethik entsprechen bzw. religiöse Dimensionen umfassen können.

Das Attribut „wird geliebt" soll den Sinn von Liebe gegenüber Besitz, Konsum oder Erfolgsdenken symbolisieren. Auch ist eine christliche Dimension von Liebe potenziell erkennbar, ohne zwingend religiöse Sprache benutzen zu müssen.

Spannend dürfte sein, inwieweit sich klare Tendenzen abbilden (z. B. übertriebene Starideologie), oder ob diffuse Durchmischungen überwiegen werden.

5.3.2.4. Jesus aus der Bibel – könntest Du ihn dir als Star vorstellen?

e) Jesus als lebendiges Symbol: Wie werden die vom Starkult geprägten SuS die Gestalt Jesu (zustimmend oder ablehnend) wahrnehmen? (Frage 3)

3. Jesus aus der Bibel – könntest Du ihn dir als Star vorstellen?
(alles passende ankreuzen!)
Ja,.....
____ weil er ein besonderer Mensch war (Wundertäter)
____ weil er sich für Gerechtigkeit eingesetzt hatte (Mut / Liebe)
____ weil er den Menschen Neues zeigte (Weisheit)
____ weil seine Sache / Glaube über seinen Tod hinaus ging
Eigene Antwort:_____

Nein,…
_____ weiß zu wenig über ihn, alles so kompliziert
_____Auferstehung … schwer zu glauben
_____ weil es keinen Gott gibt / Beten und Glauben sind unnötig
_____ weil Kirche und Pfarrer/in nicht überzeugend sind
Eigene Antwort: War kein Star, weil…

Mit dieser Frage sollen Anknüpfungspunkte an die Gestalt Jesu eruiert werden, welche die bisherigen Erkenntnisse dieser Arbeit aufgreifen (Jesus als lebendiges Symbol mit lebensweltorientierten Wahrnehmungsassoziationen Held – Vorbild – Star usw., s. Kapitel 4.4.)

Die vier Zustimmungsmöglichkeiten beginnen mit dem Aspekt Wundertaten im Kontext von Jesus als ein besonderer Mensch – hier können SuS zustimmen, die nicht unbedingt religiös gebunden sein müssen und in Jesus in der Tat einen Mann mit besonderen Fähigkeiten (vgl. Star-Vorbild-Frage 2) sehen. Interessant wäre hier, inwieweit die SuS naturwissenschaftlich skeptisch sind (dieser Aspekt würde abgelehnt / nicht angekreuzt) oder postmodern spirituell dafür empfänglich sind.

In der zweiten Antwort wäre Jesus als Symbol des Helden, mutigen Rebellen und Menschenfreundes (vgl. Kästner usw. Kapitel 4.4.2.) angesprochen, was eher für ethisch bewusste Atheisten interessant sein müsste.

In der dritten Antwort wird Jesus als klassischer Mentor offeriert; als Vorbild im Sinne eines weisheitlichen Lehrers, u. U. in esoterischer Dimension.

Im vierten zustimmenden Punkt wird die Gültigkeit / Beständigkeit des Erlösungshandelns Jesu ebenfalls von einer materiell-körperlichen Auferstehung abgekoppelt beschrieben. Wenn die Jesu Sache weitergeht (trotz) seines Todes könnten hier auch naturwissenschaftliche Zweifler immerhin respektvoll zustimmen. Dennoch ist dies eindeutig die religiöseste Antwort der vier Angebote, welche über den Mensch Jesus hinausweist und kirchliche Bezüge herstellt..

Als fünfte zustimmende Antwort können die SuS eine eigene Begründung formulieren – interessant wird hier sein, ob und wie und in welchem Umfang SuS eigene Formulierungen und Begründungen nennen, die dem Begriff „Jesus als Star" zustimmen – bekannter Weise sind Positivformulierungen oft schwerer zu formulieren als Ablehnungsgründe.

Parallel abgebildet sind im Fragebogen ebenfalls vier vorgegebene Antwortmöglichkeiten sowie Gelegenheit zu einer eigenen Antwort - allerdings verneinende Varianten:

In der ersten wird die Ablehnung als inhaltlich zu kompliziert begründet. Damit kann den SuS Gelegenheit gegeben werden, entweder ihr Desinteresse zu bekunden; oder ihre bisherigen Wahrnehmungen der Gestalt Jesu (z. B. im Religions- oder Konfirmandenunterricht) als zuwenig eindeutig oder überfordernd darstellen zu dürfen.

In der zweiten Antwortvariante kann die verbreitete naturwissenschaftliche Skepsis an der leibhaftigen Auferstehung als Argument genutzt werden (vgl. als positives Äquivalent die vierte Ja-Antwort). Wichtig ist hierbei auch, dass keine endgültige Ablehnung der Auferstehung genannt wird, sondern generelle Glaubenszweifel angesprochen werden.

In der dritten Ablehnungsvariante kann überzeugter Atheismus im Kontext der Ablehnung religiöser Praktiken geltend gemacht werden – quasi eine naturwissenschaftlich-materialistische Grundüberzeugung.

Es folgt in der vierten Variante nicht Atheismus, sondern wenig überzeugende bzw. glaubwürdige kirchliche Praxis aus eigener Erfahrung oder kritischer Berichterstattung aus Umfeld oder Medien.

Besonders wichtig ist hier:
Mit diesen ablehnenden Antwortmöglichkeiten soll eruierbar werden, ob die Ablehnung der Vorstellung von Jesus als Star eigentlich gar nicht in bzw. durch die Taten Jesu begründet liegt, sondern ob die Wahrnehmung von Jesus durch die Assoziation der SuS von „Jesus - Kirche" derart untrennbar stark ist, dass die Entwicklung eines unbelasteten Anknüpfungspunktes nur noch wenig realistisch erscheint.
Auch hier gibt es entsprechend die Möglichkeit einer selbst formulierten Antwort.

5.4. Durchführung der Umfrage

Das Berufs-Schulzentrum Emmendingen (GHSE) befindet sich südöstlich der Kernstadt von Emmendingen, Die äußerst umfangreichen und verschiedenen Schularten sind auf einem Gelände von ca. 250m mal 250m verteilt.
Emmendingen ist eine große Kreisstadt im Nördlichen Breisgau zwischen Kaiserstuhl und Vorbergzone des Schwarzwaldes mit Gewerbegebieten und mehreren Stadtteilen mit insgesamt ca. 26.300 Einwohnern. Der Landkreis (158.000 Einwohner) reicht von Sasbach am K. im Westen, Elzach und Freiamt im Osten sowie nördlich bis Ringsheim, im Süden bis Denzlingen.
Mit dem Kürzel G H S E – werden die "Gewerblichen und Hauswirtschaftlich-Sozialpflegerischen Schulen Emmendingen" bezeichnet.[153]
1993 kam ein hauswirtschaftlicher Zweig hinzu, 2010 ein Sozialwissenschaftliches Gymnasium (SG) (In einem Gebäude direkt daneben, doch völlig eigenständig organisiert, befindet sich die Carl – Helbing – Schule (<u>Kaufmännische Schule mit Wirtschaftsgymnasium</u>).
Die G H S E umfassten 2010 ca. 2000 SuS in 90 Klassen.
Das in der GHSE integrierte Technische Gymnasium Emmendingen (TG) wird in drei Profilen angeboten: Technik, Informationstechnik sowie Technik und Mana-

---

[153] Die Gewerbl. Berufsschulen allein umfassen Bautechnik, Elektrotechnik, Holztechnik, Körperpflege, Kraftfahrzeugtechnik und Metalltechnik, sowie Berufskollegs , ein - und zweijährige Berufsfachschulen, Altenpflege , BVJ, BEJ, Meisterkurse usw. .

gement. Die elften Klassen werden dreizügig unterrichtet, die drei Profile ab Kursstufe 12, was 9 versch. Klassen bzw. Kursstufen bedeutet mit insg. 258 SuS (nach Angabe des Sekretariats, davon max. 5 % Schülerinnen). Die Lehrerschaft wurde vom Sekretariat mit ca. 25 angegeben – die Zahl sei schwer definierbar, weil viele Lehrer schulartenübergreifend mit jährlich wechselndem Deputat an den diversen Schularten unterrichten würden.

Die GHSE sind eine anerkannte OES – Stützpunktschule (OES= Operativ eigenständige Schule), betreiben eine systematische Schulentwicklung und bieten interessierten Schulen ihre beratende Unterstützung für diesbezügliche Prozesse an.[154]
Die GHSE haben Kontakte zu zahlreichen Partnerschulen, und können auf regen Schüleraustausch und schulische Aktivitäten verweisen; sie gehören ebenfalls zu den UNESCO-Projektschulen
Durch die vielen verschiedenen Schularten ist ein lebendiges Kommen und Gehen zu erleben; mit dem Spektrum vom Kfz-„Blaumann" bis zur gestylten Kauffrau von der Kaufmännischen Schule nebenan.

Zwei dem Autor bekannte evangelische BRU-Lehrer erklärten sich bereit, die Fragebögen 10 min vor dem Ende einer evangelischen Religionsstunde an die Schüler auszuteilen und anonym einzusammeln.
Leider konnten 87 Fragebögen durch Transportprobleme, Aufbewahrung und Verlust der Beschriftung nicht mehr klassenweise zugeordnet werden. Der Großteil konnte jedoch klassenweise getrennt erfasst werden (s. 5.5.1.).
Die Umfragen fanden zwischen dem 5. und 9. April 2011 statt.

5.5. Darstellung der Ergebnisse

5.5.1. Anzahl und schulische Zuordnung der erhobenen Fragebögen
Von 290 zurückgelaufenen Fragebögen mussten nur zwei wegen unverwertbaren Angaben aussortiert werden (einmal alles, einmal nichts angekreuzt) – eine erfreulich geringe Anzahl. Somit ergaben sich 288 verwertbare Fragebögen.

---

[154] Aus der Homepage: „Schulentwicklung verstehen wir als eine Organisationsentwicklung, bei der die Ziele sowohl vom Kollegium als auch von der Schulleitung vorgegeben werden können. Wichtig ist uns auch eine Möglichkeit der kritischen und konstruktiven Auseinandersetzung mit möglichst vielen am Schulleben Beteiligten zu schaffen. Dabei möchten wir sowohl unsere Erfahrungen als auch unser Know-how weitergeben, welches wir während des OES - Projektes erworben haben."

Rücklauf Fragebögen Lehrer A (nur SuS einfache / mittlere Bildungswege)

Bezeichnung	Männlich	weiblich	gesamt
2 BFE 1.Jahr	16	0	16
2 BFE 2.Jahr	16	1	17
2 BFM 1.Jahr	21	0	21
BEJ 1.Jahr	9	0	9
1BF Kfz	14	1	15
1 BFM	17	2	19
VAB	6	2	8
FBF	6	3	9
2 BFM 2.Jahr	18	1	19
Summe	123	10	133
unbestimmt	42	1	43
Summe A	**165**	**11**	**176**

Rücklauf Fragebögen Lehrer B (vorwiegend Sekundarstufe II))

Bezeichnung	Männlich	weiblich	gesamt
WG 11	15	11	26
Bankkauf 3	6	9	15
2 BF?	6	11	17
TG 13	11	0	11
WG 13	1	8	9
TG 12	19	2	21
unbestimmt	6	7	13
Summe B	**64**	**48**	**112**

Quellen	Männlich	weiblich	gesamt
Lehrer A	165	11	176
Lehrer B	64	48	112
Summen	229	59	288

Erläuterungen zu den Abkürzungen:
(Reihenfolge nach Nennung in Tabelle Lehrer A / B

2 BFE 1 oder 2 BFM 2	**Berufsfachschule Elektro oder Metall,** zweijährige Ausbildung, im 1. oder 2. Jahr
BEJ 1	**Berufseinsteigerjahr,** für Jugendliche mit Hauptschulabschluss ohne Ausbildungsvertrag(früher: BVJ)
1 BF	**Berufsfachschule,** einjähriges Grundbildungsjahr, ersetzt häufig das erste Ausbildungsjahr in einem Beruf.
VAB	**Vorbereitungsjahr Arbeit und Beruf,** neue Schulart für Jugendliche ohne Hauptschulabschluss mit Dauerpraktikum zwei Tage in der Woche
FBF	**Förderberufsfachschule** für Jugendliche aus Förderschulen mit Bereich Metall oder Hauswirtschaft, einjährig)
WG 11 / WG 13	**Wirtschaftsgymnasium,** Kursstufe 11 bzw. 13
TG 13	**Technisches Gymnasium,** Kursstufe 13

Der erfreulich hohe Rücklauf und die Zuordnungen ließen daher einige deutliche und interessante Zuordnungen bzgl. unterschiedlicher Klassen- und Schultypen und auch je nach Anteil Mädchen / Jungs erkennen. Dazu mehr in der folgenden Auswertung

5.5.2. Altersangaben

Alter der teilnehmenden SuS		
15 - 17 Jahre	160	57%
18 21 Jahre	110	39%
22 und älter	11	4%
Nennungen	281	
geantwortet haben	281	
ohne Antwort	7	

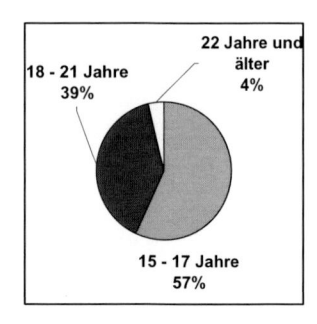

Diagramm 1 (bezogen auf die Nennungen

Bezogen auf die Nennungen: Über die Hälfte der SuS sind somit in der jüngeren Alterskategorie anzusiedeln, nur 11 SuS sind 22 Jahre oder älter.

5.5.3. Geschlechterverteilung

Wie Kapitel 5.5.1. ersichtlich, nahmen 229 Jungs und 59 Mädchen an der Umfrage teil.

In den Klassen von Lehrer A sind mit 123 männlichen und nur 10 weibl. Schülern in den vornehmlich handwerklichen Klasse Mädchen eine verschwindend geringe Minderheit.

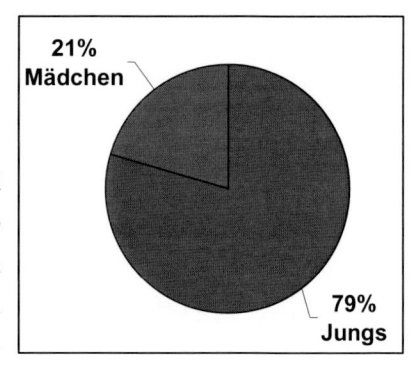

Diagramm 2

In den Klassen von Lehrer B mit gymnasialer Oberstufe WG und Bankkaufleuten sind immerhin vier Klassen mehrheitlich von weibl. Schülern besucht, in einer Klasse des TG sind keinerlei Mädchen, in der Summe seiner Klassen ist der Geschlechteranteil daher mit 64:48 Jungs: Mädchen etwas ausgeglichener als bei Lehrer A.

Später wird in vielen Antworten ersichtlich, dass die geschlechterbezogenen Ergebnisse interessante Differenzen aufweisen.

5.5.4. Angaben zu Glaube und Religionszugehörigkeit

Angaben zur Religion		
bin gläubig	52	19%
bin eher kritisch	74	27%
Christlich	148	53%
Muslimisch	18	6%
Buddhistisch	4	1%
ohne Religion	30	11%
Nennungen	326	
geantwortet haben	278	
ohne Antwort	10	

Es zeigte sich in der Auswertung, dass die **Angaben zur Glaubenseinstellung „bin gläubig"** – **„bin eher kritisch"** nur sporadisch genutzt wurden, und deren Nutzung wiederum dazu führten, dass ebenfalls die **Angaben zur Religionszugehörigkeit** unvollständig waren. Dies zeigt der Vergleich Nennungen von 200 Religionszugehörigkeiten (148+18+4+30) bei 278 Antworten – hier wurde einiges vergessen anzugeben oder bewusst ausgelassen.

(Hier ist selbstkritisch anzumerken, dass die beabsichtigte Erfassung der Selbsteinschätzung „bin gläubig" oder „bin eher kritisch" in einem optisch abgetrennten und eigenen Fragefeld hätte erfolgen sollen.)

Nachfragen bei den beteiligten Lehrern bestätigten immerhin den geringen Anteil außerchristlicher Religionen bzw. SuS ohne Religion am BRU; meistens seien diese sowieso abgemeldet und deshalb nicht mehr im BRU vertreten.

Spätere Auswertungen (s. u.) zeigten nur zwei Korrelationen (von geringer Bedeutung) von Aussagen in Verbindung mit der Religionszugehörigkeit: Zum einen äußerten sich kritisch eingestellte SuS sowie SuS ohne Religionszugehörigkeit in Frage 3 gegenüber Jesus als Star ablehnender; und muslimische SuS enthielten sich bei Frage 3 überdurchschnittlich oft (s. Kapitel 5.5.7.). Leider konnte die Religionszugehörigkeit vor allem im christlichen Bereich deshalb nur geschätzt und vermutet werden, da keine endgültig zuverlässigen Angaben ableitbar waren;

glücklicherweise ist dieser Faktor allerdings nicht Zentrum der Befragung gewesen und kann deshalb als weniger gravierend angesehen werden – entlastet vor allem mit Hinweis auf die zusätzlichen Lehrerangaben. Es wurde als vertretbar gesehen, die oben abgebildete Tabelle so als Diagramm wiederzugeben, mit der Annahme, dass die Angaben „muslimisch" / „buddhistisch" / „ohne Religion" aufgrund ihres Minderheitenstatus bewusster und gewissenhafter gemacht wurden.; und die Angaben zu gläubig / kritisch (bei denen keine weitere Zugehörigkeit angekreuzt wurde) mit großer Wahrscheinlichkeit aus dem Kreis der allgemein christlich geprägten SuS stammen. Dies entspräche auch den zusätzlichen Angaben durch die BRU - Lehrer.

Somit ergeben sich aus den insg.
278 Antworten folgende Verteilungen:
muslimisch: 18:278= 6%
buddhistisch: 4:278= 1%
ohne Religion: 30:278=11%
nichtchristl. Summe: 52= 18%

Vermuteter Prozentanteil christlich:
100%-18%= 82%

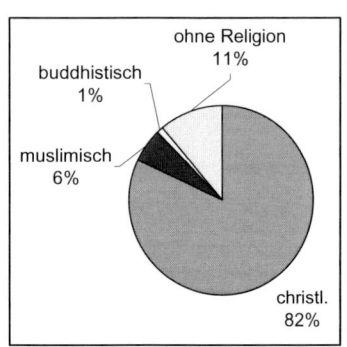

Diagramm 3

Eine vergleichende Tabelle der Religionszugehörigkeit nach Geschlechtern getrennt ergibt immerhin **drei erwähnenswerte tendenzielle Beobachtungen:**

Mädchen		Jungs	
bin gläubig	14%	bin gläubig	20%
bin kritisch	28%	bin kritisch	25%
Christlich	64%	Christlich	53%
Muslimisch	2%	muslimisch	7%
buddhistisch	0%	buddhistisch	2%
ohne Religion	7%	ohne Religion	11%

- von 288 SuS ist nur eine Schülerin Muslimin, 17 Jungs sind muslimisch
- es bekennen sich keine Mädchen zum Buddhismus
- Jungs sind (etwas) häufiger als Mädchen ohne religiöses Bekenntnis

Die Tabellenergebnisse relativieren sich natürlich, wenn das Zahlenverhältnis Mädchen 59: 229 Jungs berücksichtigt wird (Verhältnis ca. 1:5).

5.5.5. Wer ist für dich ein Vorbild?

5.5.5.1. Gesamtüberblick Auswahl und eigene Vorschläge

Bushido	13	6%
Xavier Naidoo	25	11%
Lady Gaga	2	1%
Rihanna	24	10%
Sido	14	6%
Beyoncé	16	7%
eigene Vorschläge	160	69%

```
Nennungen (Mehrfachwahl)       254
geantwortet haben              232
ohne Antwort                    56
```

Hier gab es auffällig oft keine Angabe, und auffällig viele eigene Vorschläge.

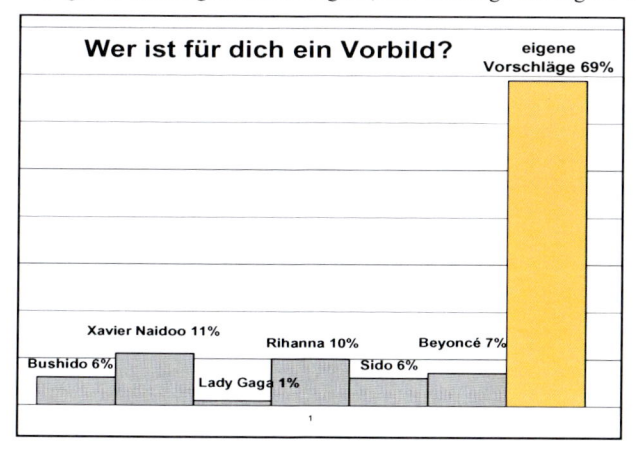

Diagramm 4

In der Auswertung lassen sich Xavier Naidoo und Rihanna als Doppelspitze erkennen; Beyoncé und Bushido / Sido im Mittelfeld. Lady Gaga ist weit abgeschlagen.

5.5.5.2. Geschlechtergetrennte Darstellung und Auffälligkeiten

Deutliche Differenzierungen zeigt die geschlechterbezogene Darstellung in Diagramm 5 (siehe folgende Seite).

a) Bei Mädchen sind klare Spitzen mit Rihanna und Beyoncé erkennbar; damit bevorzugen die Schülerinnen eindeutig Frauen als Vorbild.

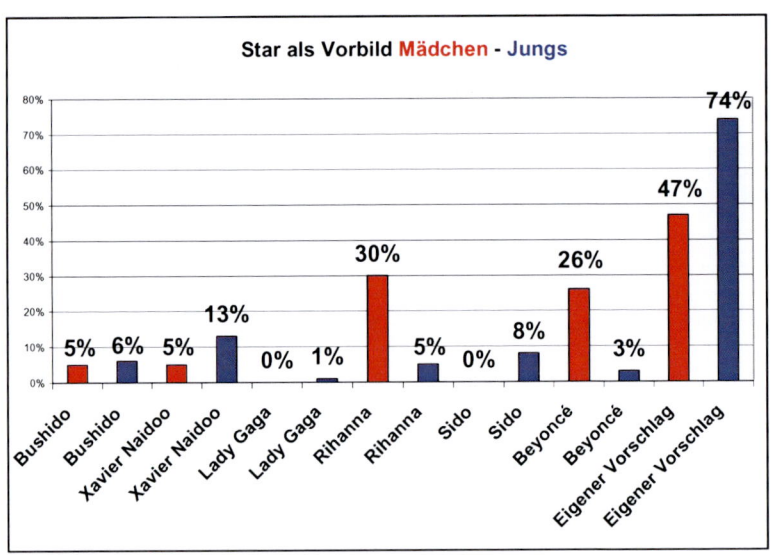

Diagramm 5

Star als Vorbild Mädchen - Jungs

- Bushido: 5% / 6%
- Xavier Naidoo: 5% / 13%
- Lady Gaga: 0% / 1%
- Rihanna: 30% / 5%
- Sido: 0% / 8%
- Beyoncé: 26% / 3%
- Eigener Vorschlag: 47% / 74%

b) Auch sind bei den Schülerinnen eindeutigere Präferenzen bzw. größere Abstände zu den anderen Beispielstars zu bemerken (z.B. Werte 30% / 26% zu je nur 5%) im Gegensatz zu den Jungs mit ausgeglichenerem Prozentzahlenverhältnis von 13% : 8%:6%:5%:3%...), wobei die Jungs deutlich mehr eigene Vorschläge benennen.

c) Interessant ist das völlige Fehlen von Sido und Lady Gaga bei den Schülerinnen. Auffällig ist bei den Schülerinnen die häufige Nennung von Beyoncé mit ihrem christlichen Image und hoher Beständigkeit als medialer Star (seit mehr als 10 Jahren im Musikgeschäft); und der Spitzenplatz von Xavier Naidoo mit ebenfalls christlich-ethischem „Starimage" bei den Jungs.

d) Bei Jungs wie Mädchen ist Lady Gaga trotz immensen medialen Erfolgs eindeutig nicht vorbildtauglich.

5.5.5.3. Die Lebensweltbereiche der eigenen Vorbildvorschläge

Aus welchem Bereich wurden eigene Vorbilder benannt, gab es dabei in Verbindung zu Geschlecht oder Religionszugehörigkeit Auffälligkeiten? (Auch hier muss das Zahlenverhältnis Jungs: Mädchen von ca. 4:1 bedacht werden)

Lebensweltbereich	Anzahl	Auffälligkeiten
Tv-Stars	39	36 Jungs, nur drei Mädchen
Sport	31	nur Jungs
Musik-Stars	31	28 Jungs, nur drei Mädchen
Sich selber angegeben	7	Alles Jungs
Diverse Einzelnennungen	24	23 Jungs, nur ein Mädchen
Familie und Umfeld	21	14 Jungs und sieben Mädchen

Die Auffälligkeiten sind - trotz unterschiedlichem Zahlenverhältnis Jungs / Mädchen - offensichtlich:

a) Die Jungs bevorzugen mediale Stars aus Filmen, Sport und Musik; gewissermaßen „narzisstische Tendenzen" (vgl. vielleicht mit Angeberei) zeigen sich in der vielleicht humorvoll gemeinten Selbstnennung als Vorbild – oder aus einem gesunden Selbstbewusstsein heraus? (Anmerkung: bei einer handverlesenen Sortierung nach Religionszugehörigkeit konnte der Autor feststellen, dass muslimische SuS fast ausschließlich muslimische Sportler oder Musiker auswählten, die dem Autor teilweise erst nach Medienrecherche im Internet zuordnen konnte). Auch eher fantasievolle Einzelnennungen treffen eher Jungs, nur eine Schülerin machte eine Einzelnennung (ihren Religionslehrer – ernsthaft oder scherzhaft?).

b) Einen größeren Anteil an selbst benannten Vorbildern treffen Mädchen nur im Lebensweltbereich „Familie und Umfeld":
Fünf geben „meine Eltern" oder „Familie" an, eine gibt „Mama / Oma" und eine muslimische Schülerin einen Arbeitskollegen.

Aus a) und b) könnte gefolgert werden, dass Jungs in einem größeren Umfang außerfamiliäre Vorbilder, die Erfolg versprechen (Sport, Musik, Filmfiguren etc.) suchen. Dies würde Erkenntnissen aus der Männerarbeit bzw. Jungen-Pädagogik [155] entsprechen: Jungs müssen in anderer Weise als Mädchen eine eigene Rollenidentität finden (bzgl. die erlebte Mutter als Versorgerin, hin zu Männer- und Vaterfiguren als Vorbild). Vielleicht bildet sich hier die erwähnte Sehnsucht nach Lebensbewältigung in außerfamiliären Heldenfiguren / Stars ab.

---

[155] Vgl. z. B. **Rosowski** 2001, S.21, in. Baugerüst 3 / 2001

c) Von den Jungs geben fünf alleine ihren Vater an; auffällig ist hierbei, dass keiner davon ohne religiöses Bekenntnis ist. Sechs geben ihre Eltern und Familie an, davon ist nur einer ohne religiöses Bekenntnis.

Die Beobachtungen zu fb) und fc) könnten zwei Spekulationen erlauben: Entweder erleichtern als Vorbild erlebte Eltern bzw. Familien auch den eigenen Zugang zu Religion; oder andersherum: Leben religiöse Familien vorbildlicher? Aufgrund der geringen Fallzahl in diesem Bereich ist dies rein spekulativ und nicht weiter deutungsfähig.

d) Zu den diversen Einzelnennungen wurden auch stichprobenartig die Antworten zu Frage 3 (Jesus als Star) verglichen; dabei wurden keine Besonderheiten oder Korrelationen deutlich[156]. Einige der Nennungen seien hier aufgezählt:
Einmal wurde Lehrer B genannt, zweimal Lehrer A als Vorbild; dreimal Albert Einstein (der in einer vorhergehenden Themeneinheit im BRU besprochen worden war); von jemand ohne religiösem Bekenntnis der Autor Erich von Däniken; einmal Martin Luther King; einmal Adolf Hitler von einem Schüler, der Jesus in Frage 3 als besonderen Menschen (Wundertäter) angab – was entweder im Kontext nicht ernst gemeint war oder sehr verwirrend sein müsste, jedenfalls als Einzelnennung wenig aussagekräftig.

---

[156] **Zur Erläuterung.** Von den 24 diversen Einzelnennungen stimmten 11 SuS Jesus eindeutig als Star zu, 8 SuS lehnten dies ab, und 5 SuS machten gemischte Angaben zu Jesus. Damit ergaben sich nur individuelle interessante Kontexte, jedoch keine hier verwertbaren Tendenzen

5.5.6. Wie soll ein Star sein, der/die ein echtes Vorbild ist?

5.5.6.1. Gesamtdarstellung der Ergebnisse

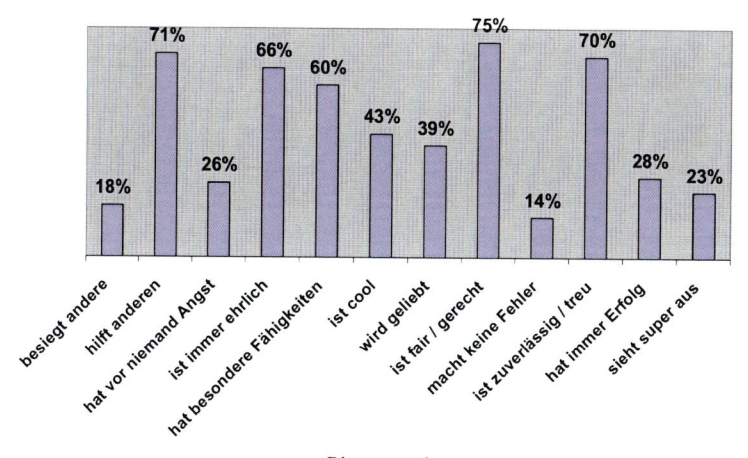

Diagramm 6

a) Wertigkeiten bzw. Rangfolgen (Diagramm 6 und Tabelle)

Vier von fünf als christlich-ethisch hochwertige Attribute (vgl. 5.3.2.2.) konzipierte Vorbildaspekte belegen übereinstimmend und deutlich die ersten vier Plätze bzw. liegen alle im vorderen Drittel der Antworten.

Gerechtigkeit, Nächstenliebe, Treue / Zuverl ,Ehrlichkeit

b) Rang 5 folgt dicht mit „hat besondere Fähigkeiten". Die Wertigkeit ist wohl dem Umstand einer Rechtfertigung zuzuschreiben: Ein Star sollte eine bestimmte außergewöhnliche Fähigkeit besitzen, die ihn auszeichnet und zu etwas besonderem macht; und nicht einfach nur medial gut vermarktet sein, ohne es zu verdienen.

c) Die nachfolgenden Ränge mit „ist cool" und „wird geliebt" belegen ein Mittelfeld ohne besondere Aussagekraft.

d) Die letzten fünf Ränge werden von „hat immer Erfolg" und „hat vor niemand Angst" belegt, was deutlich heldenhafte Züge trägt, aber auch den Wunsch nach dauerhaftem Erfolg und Überwindung von Ängsten. Mit der eher hinteren Platzierung wird u. U. ein gewisser skeptischer Realismus geäußert.

Mit „sieht super aus", „besiegt andere" und „macht keine Fehler" wird immer deutlicher, dass derartige Perfektion allgemein eher als unrealistisch eingeschätzt werden, bzw. für ein Vorbild nicht als unbedingt erforderlich gesehen werden.

5.5.6.2. Geschlechtergetrennte Darstellung und Auffälligkeiten:

Werterang 1-4 Gesamt (Diagramm 6)	Werterang 1-4 Mädchen (Diagramm 7)	Werterang 1-4 Jungs (Diagramm 7)
75% Gerechtigkeit	90% Nächstenliebe	71% Gerechtigkeit
71% Nächstenliebe	89% Gerechtigkeit	67% Nächstenliebe
70% Treue / Zuverl.	85% Treue / Zuverl.	66% Treue / Zuverl.
66% Ehrlichkeit	70% Ehrlichkeit	65% Ehrlichkeit

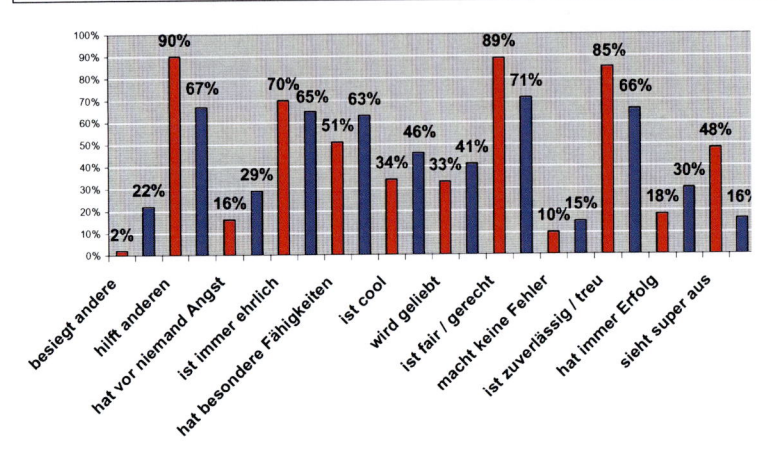

Diagramm 7

a) Die ersten vier Werteränge (Tabelle und Diagramm 7)

Die Prozentwerte liegen bei Mädchen entweder höher oder tiefer als bei den Jungs (s. Tabelle), was einen differenzierteren Eindruck als bei den Jungs hinterlässt. Dennoch liegen die vier ersten Plätze fast gleich verteilt und jeweils eng beieinander.

b) Unterschied: „besiegt andere"

Während 22% der Jungs „besiegt andere" angeben, wird dies nur von 2% der Mädchen angegeben (Verhältnis 11:1!). Die Erklärung liegt offensichtlich in den Antworten von Frage 1 nach Vorbildern – dort wurden von Jungs viele Sportler genannt[157], was den engen Bezug zu Gewinnen und Verlieren erklären müsste.

---

[157] Vgl. wiederum auch hier Mendl 2005, S. 213 mit seiner Erwähnung von Sportlern als Vorbilder für Jungs und die Ergebnisse aus der Jungen-Pädagogik von Kapitel 2.2.2.

Dieser zuerst bedenklich erscheinende Aspekt wird dadurch erheblich relativiert; auch ist zu beachten, dass er erst an drittletzter Stelle auftaucht (Mädchen: letzte Stelle)

c) Unterschied: „sieht super aus"

Der nächstfolgende größte Unterschied liegt bei „sieht super aus" (Mädchen 48% / Jungs 16%; Verhältnis 3:1). Bei den Mädchen liegt dieser Aspekt an sechster Stelle und damit im mittleren Werterang.

Hier wäre interessant nachzuforschen, ob gerade bei Mädchen z. B. durch „Germanys next Topmodel" mit dem ständigen Umziehen, Schminken, Inszenieren, Präsentieren (und massiv kritisiert werden und andere Kritisieren) nicht eine einseitige und auf Äußeres fixierte Lebenseinstellung propagiert wird.

Zusammenfassend lässt sich zu Kapitel 5.5.6 sagen, dass erfreulich hohe ethische Grundsätze an Vorbilder gesetzt werden. Unrealistisches bzw. Perfektionismus wird tendenziell erkannt und auf hintere Plätze verwiesen; hier zeigt der Starkult geringere Einflüsse als angenommen.

Bei der geschlechtergetrennten Auswertung, vor allem in Kapitel 5.5.6.2. mit b) und c) werden andererseits Tendenzen zu klischeehaft- traditionellen Rollenverständnissen erkennbar.

Es wird damit bestätigt, dass die SuS eher an eigengeschlechtliche Stars als Vorbilder denken und auswählen[158], was auch den entwicklungspsychologischen Lebensaufgaben entspräche – die BRU-SuS sind in einem Übergangsstadium zur Berufswelt , in welchem sie Vorbilder, bzw. ganz konkret: Mentoren und Begleiter, brauchen und suchen.

---

[158] Ebd.

5.5.7. Jesus aus der Bibel – könntest Du ihn dir als Star vorstellen?

5.5.7.1. Unterscheidung nach reinen und gemischten Antworten

Von den 288 gültigen Fragbögen lassen sich unterscheiden:

Anzahl Fragebögen	Kategorie der Ergebnisse
108	Nur Ja - Antworten angegeben
92	Nur Nein - Stimmen angegeben
75	Sowohl Ja – wie auch Nein-Antworten
13	keine Anworten

Die Befürworter haben nur einen geringen Vorsprung vor den Verneinern; interessanterweise antworten rund ein Viertel der SuS gemischt; nur ca.4,5% machten keine Angaben.

5.5.7.2. Gesamtanzahl der Antworten

Summiert man alle mehrfachen Ja / Nein - Antworten getrennt, ergibt sich untenstehendes Verhältnis (462: 286):, was nun eine deutliche Zustimmung erkennen lässt: Jesus könnte durchaus als Star bezeichnet werden

Summe Ja- Stimmen	462	62%
Summe Nein-Stimmen	286	38%
Summe	748	100,00%

5.5.7.3. Die Platzierung der Antworten

Platz		Anzahl	Anteil
1	Ja, weil…für Gerechtigkeit…(Mut / Liebe)	135	49%
2	Ja, weil er ein besonderer Mensch war (Wundertäter)	106	39%
3	Nein, Auferstehung...schwer zu glauben	104	38%
4	Ja, weil er den Menschen Neues zeigte (Weisheit)	102	37%
5	Ja, weil seine Sache / Glaube über…Tod hinaus…	94	34%
6	Nein, weil Kirche und Pfarrer/in nicht überzeugend…	56	20%
7	Nein, weiß zuwenig über ihn, alles zu kompliziert	47	17%
8	Nein, weil...eigene Antwort	40	15%
9	Nein, weil es keinen Gott… Beten / Glauben unnötig	39	14%
10	Ja, weil..eigene Antwort	25	9%

Deutlich wird, dass Atheismus nur eine geringe Bedeutung hat (Platz 9).
Die beiden häufigsten bzw. führenden Nein - Antworten sind die klassischen kirchenkritischen Positionen wie Zweifel an der Auferstehung (Platz 3) und eine als unglaubwürdig erlebte kirchliche Praxis (Platz 6).

Interessant ist an den Plätzen 1 - 5 die jeweils eng beieinander liegende Stimmenanzahl – in den Antworten sind die Rezeption eines eher menschlichen Jesus im Vordergrund, zusammen mit dem kritischen Platz 3: Glaubenszweifel in Bezug auf die Auferstehung.

Platz 7 deutet an, dass die Auseinandersetzung mit der Thematik schwer ist. Da es naturgemäß aufwändig ist, Antworten selbst zu gestalten; sind die selbst formulierten Antworten mit den Plätzen 8 und 10 erwartungsgemäß im hinteren Bereich. Von diesen beiden kommen negative Antworten häufiger vor – was der allgemeinen Lebenserfahrung entspringen dürfte, dass kritische Ablehnungen meist leichter formuliert werden können als Positivbegründungen.

5.5.7.4. Platzierung bei SuS „ohne Religion"

Um die erfassten Antworten genauer auswerten zu können, ist eine zielgruppenorientierte, detailliertere Betrachtung lohnenswert – wie antworten die SuS in Selektion ihrer Religionszugehörigkeit?

Von den 30 SuS „ohne Religion" (11% aller SuS, vgl. Kapitel 4.5.4.) ergibt sich folgende Tabelle, geordnet nach Häufigkeit:

1	Nein, weil es keinen Gott gibt, / Beten und Glauben sind unnötig	21%
2	Nein, weiß zuwenig über ihn, alles zu kompliziert	17%
3	Nein, Auferstehung...schwer zu glauben	17%
4	Nein, weil Kirche und Pfarrer/in nicht überzeugend sind	16%
5	Nein, weil...eigene Antwort	9%
6	Ja, weil er sich für Gerechtigkeit eingesetzt hat (Mut / Liebe)	7%
7	Ja, weil er den Menschen Neues zeigte (Weisheit)	7%
8	Ja, weil seine Sache / Glaube über seinen Tod hinaus ging	5%
9	Ja, weil er ein besonderer Mensch war (Wundertäter)	1%
10	Ja, weil..eigene Antwort	0%

Es erscheint nachvollziehbar, dass SuS „ohne Religion" die kritischsten Anteile in der Befragung stellen, summiert man die Anzahl der ablehnenden Antworten, erhält man aus ihrer Kategorie überdurchschnittliche 80% Ablehnung.

Aus dem Bereich selbst formulierte Nein-Antworten (Platz 5) sollen exemplarisch zwei wiedergegeben werden:

a) „Ich diese ganze Religionssache unnötig finde Religion vernichtet das Starke im Menschen und lässt die Feigheit und Schwäche aufblühen".

Diese atheistische Antwort erinnert in ihrer Religionskritik an Nietzsche[159]; allerdings mit faschistoiden Anklängen. Diese Aussage war eine extreme Ausnahme. Insgesamt hält sich der Anteil von deutlichem Atheismus in Grenzen: Von dem relativ geringen 11%-Anteil von SuS „ohne Religion" bekennen nur rund ein Fünftel einen Atheismus - von insg. 288 SuS also nur sechs! Damit stützt dieses Ergebnis die zahlreichen Aussagen vieler Autoren bzgl. des religiösen Interesses aus den Kapiteln 1.2. und 2.1.3.

b) „Weil viele Pfarrer kleine Kinder ficken".
Dies war eine Reaktion auf die medial präsenten Missbrauchsvorfälle der letzten Monate. Die (verständliche) emotionale Empörung führt leider zu pauschalisierter Begründung für eine kirchenkritische Haltung aufgrund mangelnder Vorbildtauglichkeit bzw. unglaubwürdiger kirchlicher Praxis. Insgesamt wurden aber nur zwei derartige Begründungen in der Umfrage angegeben, was als erstaunlich gering bezeichnet werden kann mit einem Anteil von ca. 0,64%. Entweder liegen die aktuellen Berichte über derartige Vorfälle für das Bewusstsein der meisten Schüler schon zulange zurück; oder der mediale Einfluss ist weniger hoch wie allgemein angenommen und lässt die SuS trotzdem relativ differenziert religiöse Fragen reflektieren.

5.5.7.5. Platzierung bei „muslimischen" SuS[160]
Die 18 SuS, die eindeutig als „muslimisch" gekennzeichnet waren, antworteten in Frage drei in folgender Zuordnung: Vier enthielten sich; fünf stimmten zu; vier lehnten ab; und vier SuS machten sowohl zustimmende wie ablehnende Angaben. Damit entsprechen auch diese Antworten dem „Mainstream" mit einer leichten Zustimmung, und mit vielen sowohl / als auch Antworten.
Bei den muslimischen SuS ist allerdings die Enthaltungsquote mit 4 / 18 (ca. 22%) deutlich höher als der allgemeine Enthaltungsdurchschnitt – eine nachvollziehbare Tendenz, da Jesus im Islam eine religiöse Rolle ganz anderer Art bein-

---

[159] S. Kapitel 4.4.2., Nietzsche 1969
[160] **Anmerkung.** Die Überprüfung der äußerste geringen Anzahl von 4 „buddhistischen" Schülern ergab keinerlei Auffälligkeiten oder darstellenswerte aussagekräftige Übereinstimmungen. Daher erfolgte keine diesbezügliche Darstellung in dieser Arbeit.

haltet und daher muslimische Stellungnahmen wie im Fragebogen gefordert traditionell schwierig sein dürften.

Sortiert nach Häufigkeit aller Antworten ergibt sich für „muslimische" SuS (mit 18 SuS, ca. 6% eine relativ geringe Anzahl) folgende Tabelle:

1	Ja, weil er den Menschen Neues zeigte (Weisheit)	21%
2	Nein, Auferstehung...schwer zu glauben	17%
3	Nein, weiß zuwenig über ihn, alles zu kompliziert	14%
4	Ja, weil er ein besonderer Mensch war (Wundertäter)	10%
5	Ja, weil er sich für Gerechtigkeit eingesetzt hat (Mut / Liebe)	10%
6	Ja, weil seine Sache / Glaube über seinen Tod hinaus ging	10%
7	Nein, weil Kirche und Pfarrer/in nicht überzeugend sind	10%
8	Ja, weil..eigene Antwort	3%
9	Nein, weil...eigene Antwort	3%
10	Nein, weil es keinen Gott gibt, / Beten und Glauben sind unnötig	0%

Insgesamt ergibt sich durch die Antworten ein knappes Zustimmungsverhältnis bei muslimischen SuS von ca. 55% : 45%.

Interessanterweise gab es hier keinerlei atheistische Antworten (Platz 10); hier spielen wohl familiär-traditionelle Vorstellungen über Religion eine große Rolle. Dies bestätigt sich auch in der Kombination mit der Ablehnung der Auferstehung (Platz 2), wie sie im Islam für Jesus (genau wie der Kreuzestod) abgelehnt wird; Jesus aber als wichtiger Prophet wertgeschätzt wird.

Auferstehungszweifel führen bei christlichen Schülern tendenziell eher zu generellen Glaubenzweifel (vgl. Platzierungen bei „ohne Religion" im vorherigen Kapitel) – anders als bei Muslimen, da deren Glaubenslehre damit nicht inhaltlich konfrontiert wird bzw. davon betroffen ist.

Auffällig ist, dass Jesus im Kontext mit Gerechtigkeit erst Platz 5 erhält – in der Gesamtauswertung bei 5.5.7.3. steht der erste Platz.

Immerhin wird mit Platz 3 vielleicht ein gewisses Interesse an Jesus bekundet („weiß zuwenig über ihn...") und mit Platz 6 das über seinen Tod andauernde Wirken Jesu respektiert bzw. gewürdigt. Vielleicht könnte hier bei muslimischen SuS angeknüpft werden?

Bemerkenswert war die gleichzeitig befürwortende / ablehnende eigene Antwort eines Schülers „Ja" bzw. „Nein" mit der Begründung „... weil Jesus ein Prophet ist." – hier wird ein klares klassisches Bekenntnis ausgesprochen, welches den Begriff „Star" durchaus ambivalent integriert: Jesus war jedenfalls etwas Besonderes. Hier wäre es interessant, weiter zu forschen: Was ist für Muslime ein Prophet? Und: Wie steht ihr zu Jesus?

5.5.7.6. Gegenüberstellung argumentativ ähnlicher Aussagen

Bei der Auswertung zu „Jesus als Star" ergaben sich bei den selbst formulierten-Antworten überraschende Aussagen bzw. Argumente, die vor allem in ihrer Gegenüberstellung interessant sind.

Nein-Antworten	Ja – Antwort(en)
a1) Stars sind beliebt, Jesus aber wurde nicht von jedem geliebt	b1) Er war ja der erste Star…der erste Mensch der Anhänger hatte, dem die Leute gefolgt sind, meiner Meinung nach ein frühzeitlicher Superstar. Ein Star ist, wenn man die Leute für sich begeistern kann
a2) Falls es Jesus gab, er nicht auf Ruhm aus war	
a3) Er nicht darauf brannte von jedem geliebt zu werden	

Diese Nein - Antworten (a1-a3) sehen Jesus grundsätzlich positiv, auch wenn die SuS den Starbegriff für ihn ablehnen – die zustimmende Antwort (b1) wendet den Starbegriff für Jesus an.

Derartige Antworten wären eine interessante Basis, um mit den SuS zusammen über Jesus ins Gespräch zu kommen, bzw. die Wirkung von Star kritisch zu diskutieren: was ist ein Star? Warum ist Jesus (k)ein Star?

Nein-Antworten	Ja – Antworten
a4) Es zum Glauben gehört und in einer Story zwischen Stars und Sternchen kein Platz hätte	b2) Jesus hat allen bewiesen, das Gottes Kraft in ihm gelebt hat und er tat Gottes Willen auf Erden. Er ist der größte Star
a5) Ist für mich eine religiöse frage und das wäre respektlos	b3) Weil er für uns am Kreuz gestorben ist um uns von der Sünde zu befreien und uns den Weg zum ewigen Leben freimachte
a6) Wenn es Gott gibt, dann kann man ihn nicht als Star bezeichnen, sondern als noch viel mehr	
a7) Man schreibt so was nicht über Gott oder Jesus	b4) Gestorben für uns am Kreuz – er ist dadurch ein Held

Es gab jedoch auch ablehnende Stimmen, die eine derartige Vermischung der Begriffe als pietätlos oder respektlos ablehnte (vier Äußerungen: a4-a7, interessanterweise alles Berufsschüler des mittleren Bildungsweges) – was Glauben bekennende und zustimmende Antworten aber nicht tangierte, sonder mit „Star" als modernen Titel für Jesus sogar befürworteten (b2-b4, zwei davon ebenfalls aus mittlerem Bildungsbereich).

Hier hätte sogar durchaus mehr „Protest" aus traditionellem Begriffsverständnis und gerade von „Gläubigen" heraus erwartet werden können.

Im Gegensatz greifen deren Glaubensbekenntnisse (b2-b4) einen positiv besetzten Starbegriff für Jesus auf und verwenden in lebendiger Kommunikation Begriffe,[161] die sie miteinander in Verbindung bringen: Star (b2) oder klassischer Erlöser (b3) oder Held (b4).

Nein-Antworten	Ja – Antworten
a8) Ich nicht glaube was in der Bibel über ihn steht, er hat gelebt aber war nicht Superman (ich sehe ihn eher wie in der Gnostischen Sichtweise	b5) Er war der Star seiner Zeit, weil er den Menschen Neues zeigte und Hoffnung gab b6) Man könnte ihn schon als Star sehen, denn er hat viele gute Sachen gemacht und den Menschen Hoffnung gegeben hat
a9) Ich glaube an Gott und Jesus aber an das was die Kirche macht, nicht.	b6) Weil er damals neue Ideen hatte, Wäre der Christentum nicht falsch umgesetzt worden oder wird, hätte die Kirche mehr Erfolg b7) War ein Star, weil er das Judentum wie Luther die Katholiken reformieren wollte

Insgesamt werden hier traditionell-konfessionelle Zwänge und religiöse Vereinnahmungen von Jesus thematisiert:

Die Antwort a8) wertschätzt Jesus stark individuell; a9) vertritt einen kirchenkritischen Glauben – beide lehnen einen Starbegriff für Jesus ab.

Dagegen befürworten b5 / 6 Jesus als Star mit lebensweltorientierten, quasi vorbildlichen Aspekten. Diese Antworten befürworten Jesus ähnlich wie die „Glaubensbekenntnisse" b2 - b4 (s. entspr. vorhergehende Tabelle) als Star, äußern aber gleichzeitig Institutionskritik.

Auch hier könnten sich attraktive Anknüpfungspunkte ergeben im Sinne: Jesus außerhalb institutioneller Vereinnahmung neu wahrnehmen.[162]

---

[161] (vgl. Kapitel 2 dieser Arbeit: Medienbedeutung und christl. Kommunikation bei Schmidt-Rost, Kunstmann, vgl. Polnau / Nübel: Jesus als Held, Friedrich Schweitzer: Symbole und Lebensphasen etc.)
[162] Vgl. Kunstmann / Nietzsche / Gibran in Kapitel 3.4.2.

5.5.7.7 Auflistung der „Nein, weil..." Antworten

Die 40 Antworten werden nun aufgelistet; bei ähnlichen Aussagen wurden die Antworten zusammengezählt. Interessant ist, dass aus dem Bereich der reinen Berufsschule von Lehrer A mit 28 der 40 Antworten ein deutlich größerer Anteil stammt als von Lehrer B mit gymnasialer Oberstufe (WG, TG).

Blau markiert und gegen Ende aufgelistet sind 10 Antworten, die inhaltliche Wertschätzung Jesu ausdrücken, also 25% der selbst formulierten Nein - Antworten. Damit wird ein positiver Bezug zu Jesus selbst innerhalb der Nein - Antworten sichtbar und damit inhaltlich zugänglich im Sinne potentieller Anknüpfungspunkte auch im „Nein"-Bereich. Immerhin sind hier sechs der 10 blaumarkierten Antworten aus dem Schulbereich von Lehrer A, was die o. g. kritische Verteilung etwas relativiert

Anzahl	Begründungen
7	Weil man das, was man über ihn sagt, kaum glauben kann
4	Ich nicht gläubig bin
3	es ihn nicht gibt
2	Ich seine Auferstehung nicht glauben kann
1	Das schon zu lange her ist
1	Weil er heutzutage keinen heilen tut
1	Er vielleicht nur erfunden war und alles nur blabla und machtgehabe ist. Auserdem hat die Kirche zuviel Scheiße gebaut und ist unglaubwürdig.
1	Ich diese ganze Religionssache unnötig finde Religion vernichtet das Starke im Menschen und lässt die Feigheit und Schwäche aufblühen
1	Weil viele Pfarrer kleine Kinder ficken
1	Wegen subjektiven Schreibern der Bibel
1	Er zu umstritten war
1	Er das Zeug nicht dazu hat
1	Ich glaube an die Wissenschaft
1	Die Menschen die Geschichten übertreiben. Jeder sollte seinen eigenen Weg zu was Höherem suchen sollte. Kirche und Pfarrer haben ihre Glaubwürdigkeit mit den Missbrauchsskandalen eingebüßt
1	Stars sind beliebt, Jesus aber wurde nicht von jedem geliebt
1	Er eventuell nur erfunden wurde um Dinge aus der Bibel zu verdeutlichen
1	Ich nicht glaube was in der Bibel über ihn steht, er hat gelebt aber war nicht Superman (ich sehe ihn eher wie in der Gnostischen Sichtweise)
1	Falls es Jesus gab, er nicht auf Ruhm aus war
1	Weil er ein Prophet ist (für mich)

1	Er nicht darauf brannte von jedem geliebt zu werden
1	Es zum Glauben gehört und in einer Story zwischen Stars und Sternchen kein Platz hätte
1	Ist für mich eine religiöse frage und das wäre respektlos
1	Wenn es Gott gibt, dann kann man ihn nicht als Star bezeichnen, sondern als noch viel mehr
1	Man schreibt so was nicht über Gott oder Jesus
1	Weil es zum Glauben gehört. Und ihn gibt es nicht auf der Erde. Nur im Hertzen.
1	Ich glaube an Gott und Jesus aber an das was die Kirche macht, nicht.

Die ersten 18 Antworten entsprechen den bisherigen Erkenntnissen über generelle Glaubenzweifeln, gefolgt von bibel- und kirchenkritischen Aspekten.

5.5.7.8. Auflistung der „Ja, weil…" Antworten

Von den 25 Ja-Antworten stammen acht, also etwa 1/3 aus dem Schulbereich von Lehrer A – im Verbindung mit dem Verhältnis von 5.5.7.7. zeigt sich ebenfalls, dass dessen Schulbereich kritischer eingestellt ist als die SuS von Lehrer B. Interessanterweise ergeben sich hier keine Häufungen ähnlicher Antworten wie in 5.5.7.7 – die Positivbegründungen sind individuellerer Art. Dies könnte damit zusammenhängen, dass weniger Pauschalisierungen vorgenommen wurden, sondern eigene Stellungnahmen reflektiert wurden.

Im Folgenden sind tabellarisch Sortierungen vorgenommen, um thematische Zusammenhänge darstellen zu können:

1	Jesus hat allen bewiesen, das Gottes Kraft in ihm gelebt hat und er tat Gottes Willen auf Erden. Er ist der größte Star.
1	Gestorben für uns am Kreuz – er ist dadurch ein Held
1	Weil er für uns am Kreuz gestorben ist um uns von der Sünde zu befreien und uns den Weg zum ewigen Leben freimachte
1	Weil er sich gegen andere stellte, trotz der Konsequenzen, seinen Glauben, seine Botschaft durchsetzte, bescheiden, nicht darauf konzentriert sich bekannt zu machen, sondern seine Sache (selbstlos)

Diese vier Antworten sind klassische theologische Glaubensbekenntnisse, wobei das letztere menschliche Vorbildqualitäten im Fokus hat.

1	Er war der Star seiner Zeit, weil er den Menschen Neues zeigte und Hoffnung gab
1	War ein Star, weil er das Judentum wie Luther die Katholiken reformieren wollte

1	War ein Star, weil er sein eigenes Leben für seine Mitmenschen aus Rücksicht opferte
1	Er war ja der erste Star…der erste Mensch der Anhänger hatte, dem die Leute gefolgt sind, meiner Meinung nach ein frühzeitlicher Superstar. Ein Star ist, wenn man die Leute für sich begeistern kann
1	Man könnte ihn schon als Star sehen, denn er hat viele gute Sachen gemacht und den Menschen Hoffnung gegeben hat
1	Er was Weltbewegendes getan hatte (mehreres). Und als Symbol gelten kann + gilt

In diesen sechs Antworten wird er Star-Begriff für Jesus bejaht – theologische Antworten sind höchstens indirekt enthalten; hier geht es vor allem um Jesu Wirkung auf seine Mitmenschen und Lebenssituationen. Damit wird ein positiver Star-Begriff benutzt, wie ihn teilweise auch die „gläubigen" Antworten in der vorhergehenden Tabelle integriert haben. In der letzten Antwort wird Jesus auffallender Weise als Symbol bezeichnet.

1	Er hat anderen geholfen und war ein bischen „Stein in der Brandung"
1	Er war ein lieber Mensch und verstieß keinen Einzigen
2	Weil er sich für andere Menschen eingesetzt hat
1	Jesus war der beste Mensch auf der Welt

In diesen fünf Nennungen werden Jesu menschliche Qualitäten in den Vordergrund gestellt – hier wird eine Vorbildfunktion anerkannt, teilweise bewundernd.

1	Weil er für mich ein Prophet ist
1	Weil er Hoffnung gibt
1	Weil er damals neue Ideen hatte, Wäre der Christentum nicht falsch umgesetzt worden oder wird, hätte die Kirche mehr Erfolg
1	Es ist schwer, nur Erzählungen Glauben zu schenken, wenn ich ihn gekannt hätte, dann sicher
1	Weil er Menschen heilte
1	Macht super Musik und ist sehr freundlich
1	Weil er übers Wasser laufen könt

Im letzten Teil wurden diverseste, teilweise inhaltlich nicht erfassbare Antworten einsortiert. Die Antwort des muslimischen Schülers (Jesus als Prophet) wurde bereits erwähnt; die kirchenkritische Aussage (Position 3) ist nüchterner Art.

5.5.7.9. Die Antworten in geschlechtergetrennter Betrachtung

Wie in 5.5.5. (Star als Vorbild) und 5.5.6.(Wie soll ein Star sein, der ein echtes Vorbild ist) ergaben sich bei einer geschlechtergetrennten Auswertung beachtliche Unterschiede.

Zur Erinnerung und Veranschaulichung der Gesamtauswertung sind hier die Ergebnisse nun in einem Balkendiagramm dargestellt:

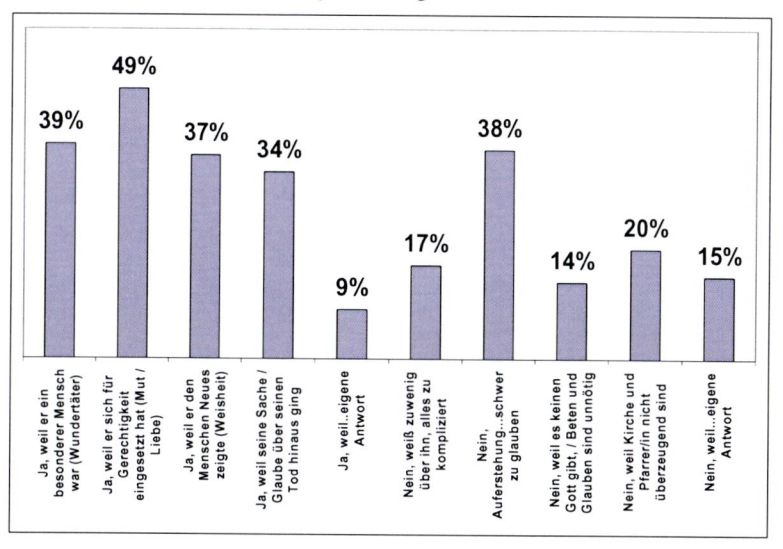

Diagramm 8

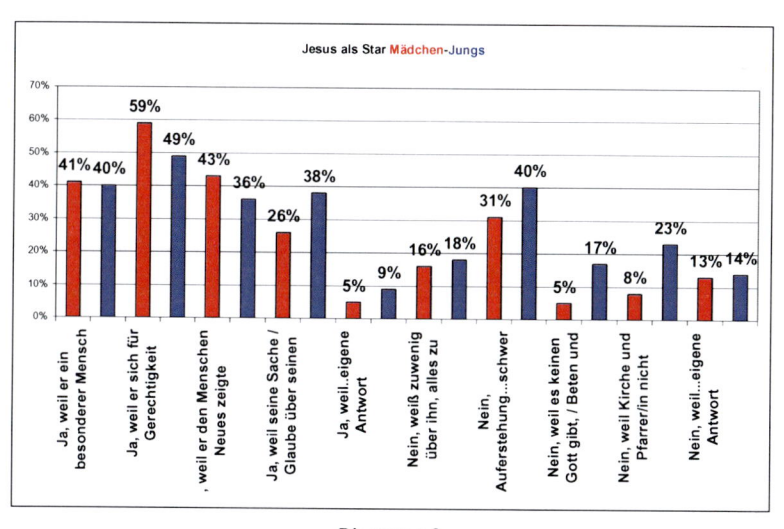

Diagramm 9

Diagramm 8 stellte deutlich die bereits festgestellte allgemeine tendenzielle Zustimmung in den Antworten der SuS dar.

a) Im Vergleich zu Diagramm 9 wirkt der zahlenmäßige Überhang von fast fünfmal so vielen Jungen sich zwar aus; kann aber – wie sich in der geschlechtergetrennten Auswertung (siehe Tabelle unten) zeigt – die differenzierteren Gewichtungen der Mädchen-Antworten interessante Unterschiede nicht verhindern:

Gesamt	Mädchen	Jungen
62% Ja	70% Ja	61% Ja
38% Nein	30% Nein	39% Nein

So werden insgesamt 62% Zustimmung erreicht („Jesus als Star"), bei den Mädchen wurden 70% erreicht, bei den Jungen 61% - durch die zahlenmäßige Überlegenheit der Jungs wurde insgesamt eben nur die 62% erreicht..
Anmerkung: Die folgenden Beobachtungen b) – f) beziehen sich alle auf Diagramm 9

b) Die tiefsten Werte und höchsten Werte treten bei den Mädchen auf (s. Diagramm 9): Der erste Platz hat 59%, die drei tiefsten Werte liegen bei 5%, 5% und 8%; bei den Jungs erreicht der höchste Wert nur 49%, die drei niedrigsten liegen bei 9%, 14% und 17%.
Mädchen antworten tendenziell eindeutiger und mit klareren Prioritäten als Jungs; allerdings ist Gerechtigkeit bei beiden eindeutig der höchste Wert (auch bei den Jungs). Diese Tendenz ließ sich bereits bei Frage 1 (Kapitel 4.5.5.) bei Auswahl der Vorbilder beobachten und bestätigt sich hier erneut.

c) Von den vier vorgegebenen Zustimmungsantworten sind die Antworten der Mädchen dreimal höher ausgefallen; mit Ausnahme des deutlichen Unterschieds bei der vierten Antwort „über den Tod hinaus" (Jungs 38% / Mädchen 26%). Bei den Jungs steht diese Antwort auf Platz 3 gegenüber Platz 4 bei den Mädchen.
Bei Jungs fällt diese Bewertung von Jesus als heute noch wirksam (was einen Interpretationsspielraum von Auferstehung im Sinne eines „irgendwie" präsenten Jesus eröffnet) etwas auf und scheint ihnen wichtiger zu sein als den Mädchen.

Allerdings fallen alle Bewertungen der ersten vier Plätze bei den Mädchen (59% / 43% / 41% / 26%) differenzierter aus als bei den Jungen (49% / 40% / 38% / 36%), d. h.: die Prozentunterschiede innerhalb dieser Plätze sind deutlich größer. Dies relativiert den Bedeutungsunterschied bei den Jungen nach unten – die Jungen entscheiden weniger differenziert (vgl. Werte Platz 2-4 mit 43% / 40% / 38%). Trotzdem ist interessant, dass dieser Wert auffällig anders ist und Mädchen eher ethisch-ideale Eigenschaften bei Jesus verorten und der „Erfolg" der Sache Jesu bzw. Auferstehungsaspekte weniger gewichtet werden.

d) Die oben genannte Auferstehungsthematik korreliert deutlich mit der unterschiedlichen Bewertung der Auferstehungszweifel: Jungen sind hier gut ein Viertel skeptischer (40 % : 31 %) als Mädchen. Diese Frage beschäftigt Jungen deutlich mehr als Mädchen; die Beobachtung von c) wird damit gestützt.

e) Selbst formulierte Antworten: Interessanterweise formulieren (genau wie in Kapitel 5.5.5.2. bei Frage 1 bzgl. nach Vorbildern) Jungen prozentual fast doppelt sooft eigene Zustimmungs-Antworten wie Mädchen (9% der Jungen gegenüber 5 % der Mädchen). Bei den ablehnenden Antworten liegen sie mit den Jungen fast gleich (13% Mädchen / 14% Jungen)

f) Atheismus wird unter Jungen mit 17% mehr als dreimal so häufig angegeben wie bei den Mädchen mit lediglich 5%.

g) Die kirchliche Praxis und Glaubwürdigkeit wird innerhalb der Jungen fast dreimal so hoch negativ bewertet wie bei den Mädchen (23% zu 8%). Die glaubens- und kirchenkritischen Ergebnisse von d), f) und g) stehen sicherlich auch im Kontext des höheren Anteil von Jungen „ohne Religion", vgl. Kapitel 5.5.7.4.

5.5.7.10. Klassen- und schultypbezogene Differenzen und Extreme

Es wurde noch untersucht, in welchen Klassen bzw. Schularten es die höchste oder niedrigste Zustimmung zur letzten Frage gab.

Liste Lehrer A				Jesus als Star?	
Bezeichnung	männlich	weiblich	Kommentar	Ja	Nein
2 BFE1	16	0		41%	59%
2 BFE2	16	1	höchste hier	67%	33%
2 BFM1	21	0		45%	55%
BEJ1	9	0		33%	67%
1BF Kfz	14	1	niedrigste hier	31%	69%
1 BFM	17	2		58%	42%
VAB	6	2		56%	44%
FBF	6	3		58%	42%
2 BFM 2	18	1		64%	36%
			Mittelwert	50%	50%
unbestimmt	42	1		55%	45%

Liste Lehrer B					
WG 11	15	11		62%	38%
Bankkauf 3	6	9		79%	21%
2 BF?	6	11		78%	22%
TG 13	11	0	höchste hier	81%	19%
WG 13	1	8	höchste hier	81%	19%
unbestimmt	19	2		71%	29%
unbestimmt	6	7	niedrigste hier	50%	50%
			Mittelwert	72%	28%

In der Tabelle zu Lehrer A zeigten sich die beiden niedrigsten Zustimmungen bei den Kraftfahrzeug - Mechatronikern (1 BF Kfz) mit 31% : 69%, gefolgt von den SuS des Berufseinstiegsjahres (BEJ) mit 33% : 67%.

Die höchste Zustimmung erfolgte dagegen bei den Elektrikern im zweiten Lehrjahr (2 BFE2) mit 67% : 33%.

Hierzu ist nur eine spekulative Interpretationen möglich: Der höhere Altersdurchschnitt bei den Elektrikern im 2.Lehrjahr könnte eine größere Reflektionsbereitschaft oder Reife bewirken.

Bei den BEJ wäre interpretierbar, dass sie in der Tabelle die am meisten sozial benachteiligte SchülerInnengruppe darstellen dürfte und daher bereits eine besonders kritische oder desillusionierte Lebenshaltung eingenommen haben könnten.

Insgesamt liegt der Durchschnitt oder Mittelwert bei Lehrer A bei 50% : 50 %; dagegen bei Lehrer B deutlich höher mit 72% : 28%.

Hierbei wurde bereits mehrfach ein Bildungszusammenhang geäußert, da sich in Tabelle B vorrangig gymnasiale Oberstufen - SuS befinden. Erstaunlicherweise weisen sowohl das TG 13 mit 81% :19% (Anmerkung: nur Jungen, keine Mädchen) wie auch das WG 13 (fast nur Mädchen) die höchste Zustimmung auf, was auch mögliche Spekulationen anderer Art widerlegt: Der Mädchenanteil in den Klassen von Lehrer B ist zwar eindeutig hoch bzw. höher als bei Lehrer A, trotzdem werden nicht mit Mädchenanteilen allein klassenbezogene Höchstwerte erreicht, wie der Vergleich der höchsten Zustimmungen (TG 13 / WG 13) aufzeigt.

Dagegen scheint (genau wie bei Lehrer A die Elektriker) eher der höhere Altersdurchschnitt bei Kursstufe 13 ausschlaggebend zu sein, sowie ein bald erfolgender Bildungsabschluss.

Damit weisen die SuS mit höheren Zustimmungsanteilen alle ein höheres Alter in Verbindung mit bald erfolgenden Bildungsabschlüssen auf; bei Lehrer B kommt der Faktor berufliches Gymnasium als höherer Bildungsaspekt hinzu.

Der Umkehrschluss liegt nahe, wenn auch etwas spekulativ: Je jünger die SuS mit ihren jugendgemäßen Entwicklungsphasen und Krisen sind; und je höher die soziale Benachteiligung bzw. geringeren Erfolgschancen dabei ausfällt, desto kritischer fielen die Antworten im Fragebogen aus.

Zudem ist nicht auszuschließen, dass die für BRU - SuS ungewöhnliche Ausrichtung des Fragebogens (zuerst Stars, dann Vorbilder, dann Jesus) trotz aller Bemühungen um Niederschwelligkeit gerade bei kirchenkritisch eingestellten SuS zu Argwohn oder Skepsis führte („Was wollen die von mir?").

6. Auswertung und Schlussfolgerungen

6.1. Allgemeine Auffälligkeiten der Studie

Die Rahmenbedingungen und allgemeinen Auffälligkeiten bestanden darin, dass:
- relativ wenig muslimische SuS teilnahmen
- der Anteil muslimischer Mädchen sehr gering war
- sich keine Mädchen zum Buddhismus bekannt haben
- mehr Jungen als Mädchen ohne religiöses Bekenntnis waren
- das Zahlenverhältnis Mädchen: Jungen bei ca. 1:5 lag
- Mädchen mit größeren Prioritätsunterschieden antworteten
- Jungen häufiger eigene freie Antworten formulierten

6.2. Zusammenfassung der inhaltlichen Ergebnisse

a) Ergebnisse zu Frage 1: Wer ist für Dich ein Vorbild?

Die Aussagen von Mendl (2005) wurden in folgenden Bereichen bestätigt:

- Die SuS unterschieden deutlich zwischen medialem Erfolg und vorbildlichem Wesen (auffällig v. a. bzgl. erfolgreicher Lady Gaga, oder Bushido / Sido)
- Es wurde in der Regel ein gleichgeschlechtliches Vorbild gewählt
- Unter diesen eigenen Antworten nannten Jungen oft erfolgreiche Sportler, Schauspieler oder Filmhelden[163], Mädchen dagegen kaum

Zusätzlich wurde beobachtet:
- Trotz geringer diesbezüglicher Anzahlen wurde ein gewisser Zusammenhang zwischen Religiosität und den eigenen Eltern als Vorbild festgestellt
- Es wurden gewisse Tendenzen zu Stars als Vorbild gesehen, die ein mehr oder weniger sichtbares christliches Image haben und weniger mit Skandalen auffallen (Xavier Naidoo / Beyoncé)

b) Ergebnisse zu Frage 2: Wie soll ein Star sein der / die ein echtes Vorbild ist?

- in der Regel wurden christlich-ethische Werte gewählt wie Gerechtigkeit, Nächstenliebe, Treue / Zuverlässigkeit, Ehrlichkeit
- Stars sollen glaubwürdig sein im Sinne „auch wirklich" besondere Fähigkeiten zu haben; der Star-Begriff wird jedoch selten kritisch wahrgenommen

---

[163] Die Punkte A1-A3 bestätigen damit die Aussagen und Verweise auf ältere Studien von **Mendl** aus dem Jahr 2005, s. Kapitel 3.3.

- Jungen, die oft bei Frage 1 oft erfolgsbezogene Vorbilder gewählt hatten, wählten viel öfter als Mädchen den Aspekt „besiegen", was ein klassisches Heldenattribut (vgl. Jungenarbeit in Kapitel 2.2.) darstellt
- Mädchen wählten oft „sieht super aus", was überraschend eher traditionellen Klischees entspricht – hier wäre es lohenswert gewesen, z. B. den medialen Einfluss der „Topmodel s" von Heidi Klum auf Mädchen genauer zu untersuchen.

c) Ergebnisse zu Frage 3: Jesus aus der Bibel – könntest Du ihn dir als Star vorstellen?

Die Antworten ergaben folgende Auffälligkeiten:
- Mädchen zeigten klarere Prioritätsunterschiede als Jungen; allerdings ist Gerechtigkeit bei beiden eindeutig der höchste Wert (auch bei den Jungen).
- Die Ja-Stimmen der Mädchen sind in der Regel höher ausgefallen
- Die Zweifel an der Auferstehung und Kritik an kirchlicher Praxis beschäftigt Jungen deutlich mehr als Mädchen und sind hauptsächlich die Ablehnungsargumente für eine positive Auseinandersetzung mit der Gestalt Jesu
- auch kritisch eingestellte Schüler haben sich durchaus kreativ mit Jesus als Star auseinandergesetzt
- der Star-Begriff für Jesus wird überwiegend positiv angenommen und nur selten als pietätlos oder unangemessen abgelehnt
- Jesus wird gerade von gläubigen SuS in vielfältiger Weise benannt: So z. B. klassisch-theologisch im Sinne des Erlösers von Sünden, aber auch im mythisch-medialen Kontext als Held, Star usw.
- Atheistische Argumente stammen dreimal so oft von Jungs als bei Mädchen.

6.3. Religionspädagogische Auswertung und Schlussfolgerungen

Einerseits zeigen die Antworten zu den Fragen 1 und 2 nach Stars und Vorbildern, dass die SuS überraschend deutlich christlich-ethische Ansprüche und Werte vertreten und suchen (Dies spricht eigentlich für relativ geringe mediale Einflüsse auf ethische Werte. Allerdings sind die wie in der Jungenpädagogik beschriebenen Auswirkungen z. B. bzgl. Orientierung an einseitigen medialen Vorbildern in multifaktorieller Hinsicht zu verstehen, vor allem im Kontext z. B. der Lebensumstände, fehlenden Vätern in der Erziehung, mangelnde Förderung etc.).

Die Antworten zu Frage 3 zeigten andererseits, dass die SuS durchaus vom Starkult geprägt sind, weil sie diesen Begriff überwiegend unkritisch, aber auch überraschend konstruktiv auf Jesus anwenden und Bereitschaft zeigen, sich mit „Jesus als Star" auseinanderzusetzen: Jesus als Star, Held und Vorbild entspricht daher dem in Kapitel 4.4. / 4.5. angestrebten Anknüpfungspunkt „Jesus als lebendiges Symbol", der mit medialen Bezügen neu kommuniziert werden kann.

Insgesamt werden aus den erarbeiteten thematischen Bezügen und den Ergebnissen aus der Umfrage vier Forderungen bzw. Rückschlüsse abgeleitet.

6.3.1. „Glaube als Lebenshilfe" in jugendlichen Übergangsphasen

Eine stärkere Vermittlung des Aspekts „Glaube als Lebenshilfe", in dem mit Jesus Bewältigung von Ängsten thematisiert wird. Damit würde eine Lebensweltorientierung gefördert, weil eine Verbindung mit der jugendlichen Lebensphase und ihren Entwicklungsaufgaben hergestellt wird, die gerade für SuS in beruflichen Schulen in ihrer Übergangsphase Richtung „Arbeit und Beruf" sehr wichtig wäre.

Mit den Erkenntnissen dieser Umfrage ließe sich Jesus als „wahrer" Held, der begleitet, der auch vorangeht, nahe bringen – allerdings weder in missionarischer noch theologisch abstrakter Sprache, sondern eher mit symboldidaktischen und erfahrungsbezogenen Elementen im BRU sowie medialen Bezügen.

Es mag zwar komplex sein, religionspädagogisch diese Aspekte zusammenzubringen; aber in Teilbereichen existieren derartige Bezüge bereits längst[164].

Symboldidaktische oder tiefenpsychologische Aspekte, die in Theologenkreisen durchaus als „Verpsychologisierung"[165] abgelehnt werden, sollten im BRU integriert und intensiver eingesetzt werden.[166].

6.3.2. Mediale Erlösungs- und Heldenmotive als neue Zugänge zu Jesus

Es gilt, ungewöhnliche neue mediale Zugänge zu Jesus zu entwickeln, in denen die Aspekte der Campbell'schen Heldenreise in Filmanalysen im BRU angewendet werden, um die SuS „Erlösungsmotive" in Filmen und Werbung oder PC-Spielen aufzuzeigen.. Dies wäre z. B. in Analysen zum Begriff „Star" oder „Held"

---

[164] Z. B. **Biehl 1991, Halbfas 1982, Schweitzer 1999**
[165] Vgl. zum Vorwurf „Verpsychologisierung" oder „psychologischem Reduktionismus" **Drewermann 1989**, S.33 / 35 / 39 oder Drewermann 1990, S.15ff. im Kontext Erlösung von Angst und mythologisch-psychologischer Deutung von Dämonen / Krankheiten.
[166] Vgl. Kapitel 3.1. die Bezüge zu **Schweitzer, Mendl, Halbfas, Tillich** usw.

oder „Vorbild" möglich, in „DSDS", in „Jesus Christ Superstar", oder Videoclips von Musikgruppen und vielem weiteren mehr.

6.3.3. Auferstehungszweifel und kritische Distanz stärker aufgreifen

Die Zweifel an der leibhaftigen Auferstehung Jesu könnten und sollten anhand der vielfältiger theologischer Sichtweisen besser aufgegriffen werden können bzw. im BRU besser transportiert werden. In dieser Umfrage zeigte sich hier der eigentlich längst überwunden geglaubte Konflikt „Naturwissenschaft – Religion" als immer noch massiv präsent, obwohl überzeugter Atheismus sich immer noch als relativ selten abbildete. Als Botschaft müsste übrig bleiben, ob man als Gläubige(r) Jesus heute noch als wirksam erlebt, als gegenwärtig – egal, in welcher leibhaftigen oder symbolischen Form seine Auferstehung stattfand[167].

Zumindest sollte (und könnte) der Aspekt „Jesus als Vorbild" vermittelt werden, der selbst für Kirchenkritiker oder Atheisten erstaunliche Bedeutung haben kann (vgl. Kästner, Gibran, Nietzsche in Kapitel 3.4.2.).

6.3.4. Notwendigkeit von Jugendarbeit und Schulseelsorge

Angesichts der Bedeutung von lebensnahen Vorbildern wären verlässliche Angebote evangelischer Jugendarbeit (Projekte, Workshops, Kooperation mit BRU) oder Schulseelsorge für SuS an beruflichen Schulen eine besondere Chance für die evangelische Kirche, um konkrete und persönliche Unterstützung und Begleitung gerade in dieser schwierigen Übergangsphase anbieten zu können und damit positive Kontakte zu Kirche und christlichen Mitarbeitern aufbauen zu können. Damit würde Kirche wieder ein Stück erlebte Glaubwürdigkeit aufbauen, die teilweise in konkreten Lebensphasen fehlt oder im regulären Gottesdienst nicht erfahren wird und sich in den ablehnenden Antworten der SuS abgebildet haben. Auch besonders konzipierte Andachten für BRU - SuS wären überlegenswert.

Ob diese Aufgaben personell durch BRU-Lehrer/innen allerdings allein machbar sind, stellt der Autor in Zweifel.

---

[167] Vgl. hierzu die zahlreichen Texte in **Dieterich / Rupp 2008**, „Jesus Christus" ab S.56

6.4. Zwei strukturelle Entwürfe für die BRU – Praxis

Exemplarisch werden nun zwei strukturelle Entwürfe dargestellt, welche alle drei Auswertungsergebnisse (6.3.4. betrifft außerunterrichtliche Rahmenbedingungen des BRU) aus Kapitel 6.3.aufgreifen und umsetzen:

- Jugendliche Übergangsphasen (Krisen, Chancen, Glaube als Lebenshilfe)
- neue mediale Zugänge zu Jesus über Heldenmotive und
- Überwindung der Schwelle / Glaube / Naturwissenschaft (mit Jesus als Vorbild / und Auferstehung als gegenwärtige Wirksamkeit Jesu)

Die folgenden Entwürfe stellen keine komplett erarbeiteten und detaillierten Unterrichtsentwürfe dar, sondern sollen in grober struktureller Form die Umsetzung der o. g. Aspekte für eine BRU – Klasse darlegen.

Die jeweiligen detaillierten Anpassungen an die Klassensituation, deren Entwicklungs- und Leistungsstand, den schulischen Rahmenbedingungen und den prozessgebundenen Verlauf sind der Realsituation gemäß vorzunehmen; es wird von mehreren Unterrichtsstunden ausgegangen.

Grundlage ist der derzeitig gültige Bildungsplan evang. Religion für berufliche Schulen des Landes Baden Württemberg.

6.4.1. Ich, Petrus, Jesus, Dieter Bohlen: Wer ist hier der Superstar?

Hier soll motiviert werden, sich damit zu beschäftigen, welche Lebensziele die SuS einerseits verfolgen, welche Ängste und Risiken das Leben erschweren; und welche Bedeutung biblische und mediale Vorbilder für solche Ziele haben können.

Die drei o. g. Themen lassen sich kombinieren – laut Bildungsplan wären folgende Themenfelder geeignet, um in einer Kombination behandelt zu werden:

Themenfeld	Unterthema	Fragen / Intentionen
1. Ich bin - ich werde	1.1. sich entwickeln	Wo stehe ich?
	1.5. Grenzen erfahren	Was will ich erreichen?
	1.6. Ängste	Wie gehe ich um mit Grenzen, Ängsten…?
7. Fragen und suchen	7.7. Werte / Normen	Wie handle ich?
	7.8. Vorbilder	Wie handelt Petrus, Jesus oder..?

8. Glauben und hoffen	8.4. Jesus	Wie nehme ich Jesus wahr? Was macht mir Mut?
	8.10 Symboldidaktik	Welche Zeichen bedeuten mir was?

a) Einstieg:

Mit der Frage: „Wann bin ich ein Superstar?" soll gesammelt werden, an welchen (An)-Zeichen wir es festmachen oder erkennen, wann man es im Leben „geschafft" hat? (Themenfeld 8.10 und 1)

Damit ist ein lebensweltorientierter Einstieg gegeben; die SuS benennen dafür unterschiedliche Symbole (Auto, Haus, Frau / Mann als Partner, Yacht) oder neue symbolische Gestalten für Erfolg (z. B. Meister, Chef, Superstar). „Heldenmotive" und jugendliche Entwicklungsphasen (vgl. insbesondere Kapitel 2.3. Medienwelt und Kapitel 3 Medien und Mythen) werden berührt.

Nach einer Besinnungszeit werden die Schüler von selbst, oder angeregt durch den Lehrer, kritische Einwände einbringen (können): Die Vergänglichkeit von Ruhm, Karriere und finanziellem Erfolg anhand abgestürzter Superstarkarrieren[168], Schauspieler, oder die Bedrohung durch Krankheit, soziale oder wirtschaftliche Rahmenbedingungen – u. U. wird auch Frustration aufgrund Chancenlosigkeit oder Versagensängsten geäußert (die SuS nennen eigene Beispiele, ergänzend können vorbereitete Zeitungsartikel, Internet-News zu Stars und Promis etc. durch den Lehrer eingebracht werden).

Es soll darüber nachgedacht werden: was auch durch Krisen (Vertrauen, Glaube) trägt und Hoffnung machen kann und was sich lohnt zu erreichen (Ziele, vgl. Kapitel 3.2.2. einseitige Helden / Stars, Kapitel 4.3. Starkult - 4.4. Jesus).

b) Thematische Auseinandersetzung

Die SuS sollen in Arbeitsgruppen die drei „Karrieren" bzw. Lebensgeschichte von Petrus, Jesus und Dieter Bohlen untersuchen anhand verschiedener Aussagen und Zeugnisse über sie (auch Dieter Bohlen als „Poptitan"werden respektzollende Texte als kommerziell erfolgreichen Menschen zugestanden).

Leitfragen dazu sind: Wie bewertet ihr den Charakter? Hatte er Erfolg? Hat er irgendwo versagt? Was fällt euch auf oder würdet ihr gerne genauer wissen?

---

[168] vgl hierzu **Grimm / Kesici 2009**: „Sex, Drugs und Castingshows"

Dabei können die Arbeitsgruppen derart aufgeteilt werden, dass jeweils nur positive oder nur negative Aussagen bzw. Texte oder Bibelstellen über die jeweilige Person vorliegen (z. B. zu Jesus Kapitel 4.4.2. Gibran, Nietzsche, Kästner in einer Arbeitsgruppe; in einer weiteren ein Textbeispiel für die Bedeutung / Ausbreitung des Christentums als Erfolgsgeschichte; auch können Ergebnisse aus Frage 3 des Fragebogens verwendet werden im Sinne: „In einer Schülerumfrage 2011 haben soundsoviel Prozent geantwortet....")

Die Arbeitsgruppen sollen ein Protokoll zum späteren Vorlesen (mit Tafelanschrieb) oder ein Plakat (zum Vorstellen) anfertigen und ihr Ergebnis präsentieren bzw. mitteilen. Dann können Diskussionen und Bewertungen erfolgen.

Ziel ist keine lehrergesteuerte Moralität oder ein „Duell" Jesus gegen Dieter Bohlen; die SuS sollen allein durch die Offenlegung der unterschiedlichen „Erfolgsgeschichten" (Macht / Liebe, Schuld / Vergebung, Treue / Ewigkeit) zur äußeren und inneren Auseinandersetzung motiviert und angeregt werden.

c) Intention und Auswertung

Der eigentliche Schwerpunkt oder entscheidende Faktor ist die Lebensgeschichte des Petrus, mit dessen (alles andere als perfekten) Charakterprofil sich die SuS identifizieren können: Denn Petrus hat zwar immer wieder besonders intensive Erkenntnisse und Erfahrungen Jesus betreffend (als „Fels", als Träger des Schlüssels zum Himmelreich etc. – er tritt aber besonders tief in manches Fettnäpfchen oder „versagt" im Hof des Hohepriesters besonders kläglich[169]).

Dies alles bietet jedoch im mythologischen Sinne eine vorbildliefernde, gelungene „Heldengeschichte" vom Fischer bis zum Wunderheiler[170] oder (der Legende nach) bis zum Bischof von Rom - eine Entwicklungsgeschichte (Themenfeld 1), die voller Vertrauen auf Jesus (Themenfeld 7 und 8) eine Nachfolge ins Ungewisse war und damit für die SuS in der Übergangsphase zur Berufswelt ein interessantes Motiv zur Auseinandersetzung liefert. Petrus kann als Vorbild, Held oder „Superstar" dessen Schwachstellen und Versagen in der Bibel schonungslos überliefert sind, Vorstellungen christlicher Erlösung vermitteln. Die SuS werden damit

---

[169] Matthäus 14, 28ff. / 16,13ff. / Versagen direkt danach 16,21ff. / köstlich das Hüttenbauangebot in Mt 17, 4; zutiefst ergreifend Mt 26, 33 und 26, 58ff. Verleugnung usw.
[170] Apostelgeschichte 3, 1ff.

zur ehrlichen Auseinandersetzung mit ihren Zielen und der aktuellen medialen Glamourwelt mit ihren scheinbar perfekten Stars oder Helden ermutigt.

Die Antworten auf die Leitfragen werden anhand der Ergebnisse der Arbeitsgruppen diskutiert und festgehalten. Die deutlich werdenden Unterschiede der Personen und ihrer Wirkungsgeschichte und ggfs. kontroversen Ansichten der SuS führen reflektieren eigene Werte, Ziele im Leben und mediale Einflüsse / Vorbilder (vgl. Themenfeld 7).
Damit kommen wir wieder zu den Einstiegsfragen nach Zielen und Erfolg zurück.
Als Abschluss wäre eine freie gestalterische Arbeit / Plakat / Aufsatz zum Thema „Was ich werden will und was mir dabei hilft / mein Vorbild ist" überlegenswert.
Zusätzlich wird eine niederschwellige Annäherung an die Gestalt Jesu durch die Auseinandersetzung mit den oben erwähnten Texten erreicht: Zweifel sollen zugelassen werden; die symbolhafte Wirkung soll sich selbst entwickeln können ohne verteidigendes Eingreifen des Lehrers.
Sicherlich wäre es interessant und angemessen, mit Themenfeld 8 „Glauben und hoffen", bzw. 8.4. „Jesus Christus" anzuschließen.

6.4.2. „Lola rennt" – alles Zufall oder Nachfolge Jesu?
a) Vorbemerkungen zum Kontext dieser Arbeit
In Kapitel 3.1.3 wurde der Film bereits in groben Zügen erläutert; zusätzlich positiv ist hier, dass eine junge Frau / Mädchen die Hauptrolle als Heldin übernimmt und damit die Dominanz männlicher Helden etwas durchbrochen wird – zumal Lolas Freund Manni im Film sehr eindrücklich das Gefangensein in begrenzten und typisch männlichen Denk- und Handlungsstrukturen symbolisiert.
„Lola rennt" ist in der Tat ein symbolischer Entwicklungsweg: äußeres Laufen ist Symbol für innere Entwicklungsprozesse (vgl. Heldenreise in Kapitel 4.2.1.) – bestehende Lösungsmuster reichen nicht aus. „Zufälle" und Entscheidungen wirken sich höchst unterschiedlich aus.
Die SuS können sich hier wieder finden, religiöse Dimensionen (vgl. Gräb in Kapitel 3.1.3) ebenso – denn in ihrem Gebet zu Gott erkennt Lola ihre Begrenztheit, die sie in der ersten gescheiterten Handlungsvariante noch verleugnete: „Das passiert nicht. Ich find' immer eine Lösung". Im Gegenteil hierzu finden beide eine Lösung in der dritten Variante, weil sie neu „sehen": Manni sieht das Geld auf

dem Gepäckträger eines Fahrrades, weil er auf eine blinde Frau reagiert, die ihn „aufsehen" lässt.

b) Inhaltliche Bezüge zum Bildungsplan

Bezogen auf den Bildungsplan lassen sich mit den oben genannten Aspekten – mit unterschiedlichen Schwerpunkten und in der Dynamik der jeweiligen Klassensituation angepasst - folgende Bezüge zu Themenfeldern herleiten:

Themenfeld	Unterthema	Fragen / Intentionen
1. Ich bin - ich werde	1.1. sich entwickeln	Wo stehe ich?
	1.5. Grenzen erfahren	Wie weit gehe ich?
	1.6. Ängste	Wie gehe ich mit Ängsten um (Woher kommt Hilfe?)
2. Begegnen	2.3. Freundschaft 2.4. Partnerschaft	Wer geht mit mir (mit)? Was hält zusammen? Wie viel bin ich bereit zu geben?
7. Fragen und suchen	7.7. Werte / Normen	Wie handle ich? (Gewalt als Lösung?) teilweise Berührungspunkte mit Themenfeld 5 „Ethik"
8. Glauben und hoffen	8.10 Symboldidaktik	Welche Zeichen bedeuten mir was?

c) Vorgehensweise der Filmanalyse

Es wird von einem Doppelstunden-Unterricht ausgegangen mit 90 Minuten.
Der ca. 81minütigen Film mit seinen oftmals schnell geschnittenen Filmsequenzen müsste unbedingt gut vorbereitet werden – aber ohne Vorwegnahme der dritten Variante: Die Klasse wird in Beobachtungsgruppen eingeteilt (nach Personen, aber auch Handlungsstrang Variante 1 und 2), um die SuS zu beteiligen, aber nicht durch die Menge an Eindrücken zu überfordern.
Nach der gründlichen Vorbesprechung könnte zeitlich und inhaltlich der Film bis zum Ende der zweiten Lösungsvariante (ca. 60min Dauer) gesehen und „erfasst werden"
In der folgenden Doppelstunde werden die Beobachtungen und ersten Nachfragen / Schlussfolgerungen präsentiert bzw. zusammengetragen. Je nach Umfang des

Zeitbedarfs kann frühestens dann - oder eben erst in der dritten Doppelstunde - das Ende des Film gesehen werden.

Faszinierend bleibt, wie Zufall, bewusste Entscheidung Veränderungen bewirken können, im Film durch kleine „Auferstehungen" bzw. Varianten ausgedrückt, und zusätzlich sowohl Lebens- wie Gottvertrauen ausgestrahlt wird, ohne dass dies in unrealistischen, moralistischen oder konstruierten Kontexten geschieht.

Zum Abschluss der gesamten Filmanalyse könnten auch zwei Lieder (mit gemeinsamem Singen oder eben nur als Texte) aus der christlichen Jugendarbeit dienen, die theologische und viele Kontexte dieser Arbeit umfassen und abrunden können: „Manchmal feiern wir mitten am Tag ein Fest der Auferstehung", was gute offene Bezüge zum Thema „Auferstehung" herstellt (vgl. diesen Aspekt in Kapitel 6.3.3.) ohne bei den SuS den Verdacht der Frömmelei hervorzurufen.

„Ich möchte dass einer mit mir geht" wäre – je nach Situation und Stand der Klasse – ebenfalls gut geeignet, um das Thema Nachfolge oder „mit Jesus unterwegs" anzuschneiden.

6. Schlussbemerkungen

Im Laufe dieser Studie entwickelten sich Schwerpunkte und neue Erkenntnisse, die zusätzlich motivierten und interessierten.

Der Autor erkannte in seiner eigenen Sozialisation als Mann anhand der Beschäftigung mit den jungenpädagogische Vorbild- und Heldenthematiken eigene Motive und Fragestellungen wieder; doch hätte er auch ein großes Interesse daran gehabt, entsprechende mädchenpädagogische Analogien näher zu erforschen und ihre religionspädagogische Relevanz z.B. anhand des Einflusses von „Germany's Next Topmodels" zu beleuchten.

Dies betrifft auch den Themenkreis „performativer RU" oder „konstruktivistische Pädagogik" – es wäre sicherlich interessant gewesen, auch hier Verbindungen oder tangierenden Aspekten nachzugehen.

Der Autor hofft, die Balance zwischen thematischer Stringenz einerseits und ausreichenden Querverbindungen bzw. Verästelungen andererseits eingehalten zu haben.

Mit den von vielen verschiedenen Autoren festgestellten Verbindungen von medial inszenierten Mythen und Symbolen könnten christliche Anknüpfungspunkte hergestellt werden, die keine Anpassung an medialen Zeitgeist darstellen, sondern im Gegenteil eine lebendige Verkündigung eines lebendigen Gottes umsetzen – im Sinne eines „evangelischen" Medienverständnisses.

Jedenfalls war es für den Autor eine verblüffende und mutmachende Beobachtung, dass christlich-ethische Werte in der BRU - Umfrage sich als derart beständig erwiesen – obwohl derartige Werte sich im alltägliche Verhalten und den Aussagen von SuS nicht unbedingt immer abbildet. Hier schlummern jedoch verborgene tiefe Sehnsüchte nach glaubwürdigen Vorbildern, hier könnte und kann gerade der BRU ansetzen.

Die Antworten der SuS zeigten, dass sie offen wären, um Jesus unter neuen medialen Gesichtspunkten („Jesus als Star") wahrzunehmen. Dies macht Hoffnung, denn allzu oft ist in der religionspädagogischen Praxis einerseits eine „Müdigkeit" zu beobachten, und man fragt sich als Lehrer/in des Öfteren, mit welch neuem „didaktischen Feuerwerk" SuS zu motivieren sein könnten.

Es war eine gewagte Sache für den Autor, tiefenpsychologische Aspekte in eine religionspädagogisch-theologische Arbeit einzubauen. All zu sehr sind tiefenpsychologische Aspekte mit der Aura der Unantastbarkeit (zu umfangreich, kompliziert oder weltlich) oder Schwärmerei umgeben (weil feministische oder Drewermann'sche Extreme damit verbunden werden).

Die Potenziale derartiger Erkenntnisse wie der Campbell'schen Heldenreise werden jedoch seit Jahrzehnten von kommerziellen Medien be- und genutzt – das Ausmaß war jedoch selbst dem Autor zu Beginn der Erstellung dieser Arbeit nicht bewusst gewesen und benötigte daher einen relativ großen Raum zur Darstellung und Entwicklung.

Vielleicht ist es aus den genannten Punkten glaubwürdig, dass es mühelos möglich gewesen wäre, gut den doppelten Umfang einzuplanen, weil sich immer mehr Beispiele Ideen, Assoziationen und Querverbindungen entwickelt haben.

Der Autor hofft, dass dies alles in dieser Arbeit spürbar und nachvollziehbar ist und ein Beitrag darstellen kann, eine lebensnahe Verkündigung der frohen Botschaft zu fördern.

8. Literaturliste:

Abesser, Bernd: „Religion ist im Spiel – Zeichendeutung in PC- und Video-Spielen", in: **Dressler**, Bernhard: Religion zeigen. Zeichendidaktische Entwürfe, Loccum 2002, S. 72-80: http://www.rpi-loccum.de/abspi.html, gelesen am 7.03.2010

ARD / ZDF-Pressemitteilung: „Nachfrage nach Videos und Audios im Internet steigt weiter - 67 Prozent der Deutschen sind online", in:
http://www.ard-zdf-onlinestudie.de/fileadmin/Online09/PM09.pdf
gelesen am 09.04.2010

Autorengruppe Bildungsberichterstattung: „Bildung in Deutschland 2008", im Auftrag der Ständigen Konferenz der Kultusminister der Länder in der Bundesrepublik Deutschland und des Bundesministeriums für Bildung und Forschung, Bielefeld 2008

Badamchian, Orkideh: „Mythologische Strukturen im Film", Diplomarbeit, Wien 2009, in: http://othes.univie.ac.at/5991/, gelesen am 02.04.2011

Betz, Dieter (Hrsg.): „Religion in Geschichte und Gegenwart", Handwörterbuch, Tübingen 2002

Beyoncé: http://www.yavido.de/beyonce-gott-versteht-mich.htm?site=41, gelesen am 07.05.2010

Biehl, Peter: „Symbole geben zu lernen I", Neukirchen-Vluyn 1991

Bickelhaupt, Thomas / Böhm, Uwe / Buschmann, Gerd: „Das Exodus- und Weg-Symbol in der Werbung", Text von 2001, in: Religionspädagogisches Institut Loccum, Unterrichtsmaterialien zum Downloaden, http://www.rpi-loccum.de,
gelesen am 25.05.11

Braml, Kurt: „Finanzierung evangelischer Jugendarbeit 2017 – ein Blick in die Kristallkugel?" S.40-43, in: *Das Baugerüst: Zukunft der Jugendarbeit 2017*, Zeitschrift für Mitarbeiterinnen und Mitarbeiter in der evang. Jugendarbeit und außerschulischen Bildung, 62.Jhg., Nürnberg Heft 1 / 2010

Breitmaier, Isa: „Religionsunterricht an der Berufsschule aus der Perspektive von Ausbilderinnen und Ausbildern", LIT-Verlag 2010

Brockhaus Enzyklopädie in 24 Bänden, Studienausgabe, Mannheim 2001

Bultmann, Rudolf: „Neues Testament und Theologie. Das Problem der Entmythologisierung der neutestamentlichen Verkündigung", Aufsatz in: Theologische Forschung, Wissenschaftliche Beiträge zur kirchlich-evangelischen Lehre 1, Kerygma und Mythos. Ein theologisches Gespräch, Hamburg 1948

Bultmann, Rudolf: „Jesus", Siebenstern München 3 / 1967 (Erstveröffentlichung Mohr Tübingen 1926)

Campbell, Joseph: „Der Heros in 1000 Gestalten", Frankfurt 1999 (Anmerk.: Original entstand 1949)

Coelen, Thomas: „Kommunale Jugendbildung – Raumbezogene Identitätsfindung zwischen Schule und Jugendarbeit", Frankfurt 2002

Corsa, Mike / Freitag, Michael: „Jugendliche als Akteure im Verband - Hinweise und Einschätzungen aus Sicht der Evangelischen Jugend zu den Ergebnissen der Studie", Hannover 2006

Dahlbüdding, Astrid: „Möge die Macht mit Dir sein...Sinnsuche und jugendliche Religiosität am Beispiel der ‚Star Wars'- Religion – eine Herausforderung für den Religionsunterricht", Osnabrück 2004

Dithmar, Reinhard und Volker: „Der Fall Judas im fächerverbindenden Unterricht", Bd. 9, Ludwigsfelder Verlagshaus 2004

Dieterich, Veit-Jakobus / Rupp, Hartmut: „Jesus Christus", Schülerheft Oberstufe Religion, Stuttgart 2008

Dohmen, Günther: „Das informelle Lernen", Bonn 2001 (auch als herausgeber: Bundesministerium für Bildung und Forschung (BMBF) Referat Öffentlichkeitsarbeit),

Drewermann, Eugen: „Das Markus Evangelium – Erster Teil – Bilder von Erlösung", Freiburg 1989

Drewermann, Eugen: „Tiefenpsychologie und Exegese", Teil I, Freiburg 8 / 1990

Einstein, Albert, in: Seelig, Carl (Hrsg.): Mein Weltbild, Berlin 2005, S.420, in: Schweitzer, Friedrich: Religion – Vertrauen in das Unverfügbare, in: Religionsbuch Oberstufe, hrsg. von Baumann, U. und Schweitzer, F., Berlin 2006, S.11

Enzmann, Dirk / Pfeiffer, Christian / Wetzels, Peter: „Innerfamiliäre Gewalt gegen Kinder und Jugendliche und ihre Auswirkungen", Hannover 1999

Fend, Helmut: „Entwicklungspsychologie des Jugendalters", 3/2005 Wiesbaden

Fischer, Veronika (u.a).: „Handbuch interkulturelle Gruppenarbeit", Schwalbach 2001

Fowler, James W.: „Stufen des Glaubens - Die Psychologie der menschlichen Entwicklung und die Suche nach Sinn", Gütersloh 2000

Freudenberger, Peter: „Christologische Aspekte in ‚Jesus Christ Superstar'", 2010 Norderstedt (GRIN-Verlag)

Gewerkschaft für Bildung und Erziehung: „Werkrealschule löst keine Probleme", Pressemeldung vom 16.04.2010 in:

URL: http://bildungsklick.de/pm/72967/werkrealschule-loest-keine-probleme/
Gelesen am 3.März 2011

Gibran, Khalil: Sämtliche Werke, Düsseldorf, 2003.

Gillich, Stefan: „Sozialraumorientierung in der Jugendhilfe", S.167-169, in: Blätter der Wohlfahrtspflege, Stuttgart 5 / 2007,

Gutschera, Herbert / Maier, Joachim / Thierfelder, Jörg
„Geschichte der Kirchen - ein ökumenisches Sachbuch", Herder 2006,

Graf, Friedrich Wilhelm: „Die Wiederkehr der Götter", München 2004

Gräb, Wilhelm: „Sinn fürs Unendliche - Religion in der Mediengesellschaft", Gütersloh 2002.

Grünewald, Stephan: „Lebenswelt und Lebenshaltung deutscher Teenager - Studie mit Interviews von 40 Jugendlichen zwischen 12 und 17 Jahren" aus dem Jahr 2007, Präsentation der Forschungsergebnisse des Kölner Institut Rheingold: Einrichtung für Tiefenpsychologische Markt- und Medienforschung, Zitat aus der Präsentation vom 31.05.2010, http://www.sat1.de/news/sendung/content/20489/ gelesen am 09.05.2010

Grimm, Markus / Kesici, Martin: „Sex, Drugs und Castingshows", München 2009

Hammann, Joachim: „Die Heldenreise im Film – Drehbücher, aus denen die Filme gemacht werden, die wirklich berühren", Frankfurt 2007

Hanselmann, Ulla: „Meilenstein oder Mogelpackung?"
Artikel vom 30.07.2010, URL: http://www.zeit.de/2010/31/C-Werkrealschule,

Hartmann-Wolff, Elke: „Wir suchen Helden", in:11.04.2009 focus magazin, Jugend-Report 09, S.1 / 5,

http://www.focus.de/schule/familie/erziehung/pubertaet/tid-14111/jugendreport-09-wir-suchen-helden_aid_388896.html,
sowie: „Ego-Alter", w.o., S.2 / 5,
http://www.focus.de/schule/familie/erziehung/pubertaet/tid-14111/jugendreport-09-ego-alter_aid_394635.html

Hartnuß, Birger: „Bürgerschaftliches Engagement als Bildungsfaktor". in: Blätter der Wohlfahrtspflege, 152. Jg., Heft 2/2005, S. 48-50.

Hauser, Linus: „Der HERR DER RINGE und die HARRY-POTTER-Romane in philosophisch-theologischer Perspektive", in: Dezernat Schule und Hochschule im Bischöflichen Ordinariat Limburg (Hrsg.):" Informationen für Religionslehrerinnenund Religionslehrer, Bistum Limburg, 33.Jhg, Heft 3/ 2004, S.144-155

Halbfas, Hubert: „Das dritte Auge", Düsseldorf 1982

Herrmann, Hans-Jürgen / Löffler, Ulrich: „Religionen". Schülerheft, Reihe: Oberstufe Religion, hg. V.-J. Dieterich v. u. H. Rupp, Stuttgart 2007

Horváth, Péter / Gleich, Ronald / Voggenreiter, Dietmar: „Controlling umsetzen", Stuttgart 2007

Howohlt, Sven und Kaiser, Yvonne: „Die Interkulturelle und interreligiöse Dimension des Religionsunterrichts an beruflichen Schulen – Perspektiven aus der Praxis", in: Dokumentation der EH - Freiburg zum Fachtag vom 12.12. 2009, S. 13-26

Hurrelmann, Klaus: „Die Jugend wird wieder politischer", Artikel in: zeit online , Links: http://www.zeit.de/gesellschaft/generationen/2009-12/interview-hurrelmann-shell-studie-2010?page=1 und
http://www.zeit.de/gesellschaft/generationen/2009-12/interview-hurrelmann-shell-studie-2010?page=2
gelesen am 7.03.2010

Jens, Walter: „Der Fall Judas", Ludwigsfelde 8 / 2002,
(Text bereits erschienen 1975)

Jesus Christ Superstar Soundtrack Lyrics
http://www.poplyrics.net/waiguo/soundtrack/jesuschristsuperstar/index.htm, vom 05.06.10

Jung, Steffen: „Die Kirche und ‚ihre' Kinder und Jugendlichen", S. 14-19, in: Das Baugerüst: Zukunft der Jugendarbeit 2017, Zeitschrift für Mitarbeiterinnen und Mitarbeiter in der evang. Jugendarbeit und außerschulischen Bildung, 62.Jhg., Nürnberg Heft 1 / 2010

Jung, Carl Gustav: „Versuch einer psychologischen Deutung des Trinitätsdogmas", S. 119-218, in: ders.: Gesammelte Werke, Band 11, Olten 1973

Jung, Carl Gustav (Hrsg.): „Der Mensch und seine Symbole", Freiburg 1979

Kassel, Maria: Biblische Urbilder", München 1980

Kästner, Erich: „Dem Revolutionär Jesus zum Geburtstag", Gedicht in :
http://www.yolanthe.de/lyrik/kaestner02.htm, vom 12.08.2010

Kirchhoff, Sabine / **Kuhnt**, Sonja / **Lipp,** Peter / **Schlawinn**, Siegried:
„Der Fragebogen", Opladen 3/2003

Knöbel-Methner, Judith
„Beziehung mit Entwicklungspotenzial", in: Ekiba, Mitarbeitenden-Zeitschrift der Ev. Landeskirche in Baden, Seite 5, Heft 9 / 2010, Karlsruhe

Konsortium Bildungsberichterstattung:
Bildung in Deutschland - ein indikatorengestützter Bericht
mit einer Analyse zu Bildung und Migration im Auftrag der Ständigen Konferenz der Kultusminister der Länder in der Bundesrepublik Deutschland und des Bundesministeriums für Bildung und Forschung, Bertelsmann Bielefeld 2006

Kopp, Eduard: Die Menschen konstruieren ihre eigene Religion, in: Ruder-Aichelin, D. u.a.: Kirche im Wandel, Oberstufe Religion 3, Stuttgart 2003

Kopp, Eduard u. a.: Religion für Einsteiger II, Frankfurt 2008

Kunstmann, Joachim: „Rückkehr der Religion", Gütersloh 2010

Küng, Hans: Wozu Weltethos? Religion und Ethik in Zeiten der Globalisierung, Freiburg 2002

Kromrey, Helmut:
Empirische Sozialforschung, Stuttgart 11 / 2006

Landesinstitut für Schulentwicklung / Ministerium für Kultus, Jugend und Sport: Orientierungsrahmen zur Schulqualität für allgemein bildende Schulen in Baden-Württemberg, Stuttgart 2007
URL: http://www.schule-bw.de/entwicklung/qualieval/qualiabs/sevstart/OrientierungsrahmenSchulqualitaet

Lessing, Gotthold Ephraim:„Nathan der Weise" Textauszug in: Herrmann, Hans-Jürgen und Löffler, Ulrich: Religionen. Schülerheft, Reihe: Oberstufe Religion, hg. V.-J. Dieterich v. u. H. Rupp, Stuttgart 2007, S.68

Lohse, Bernhard,
Epochen der Dogmengeschichte, Hamburger theologische Studien Bd. 8, Hamburg, LIT 1994

Maaß, Stefan
„Jugendliche werden Friedensstifter - Ein Reader zu den Übungen des Trainings", 02.07.2010 Karlsruhe

Mack, Wolfgang: Neue Perspektiven für das Zusammenspiel von Schule und Jugendhilfe. Das Bildungskonzept des Zwölften Kinder- und Jugendberichts und seine Implikationen für Schule und Jugendhilfe, in:

Die deutsche Schule, 2 / 2006, S. 162-177

Mendl, Hans: „Lernen an außergewöhnlichen Biographien", Donauwörth 2005

Metzger, Margit: „Erfolgsmodell Konfirmandenarbeit: Eine Studie zeigt beeindruckende Ergebnisse", in: http://forschung.anknuepfen.de/090312-PTZSTUTTGART-erfolgsmodell-konfirmandenarbeit.pdf, gelesen am 28.Dezember 2010

Ministerium für Kultus, Jugend und Sport Baden-Württemberg in Zusammenarbeit mit dem Landesinstitut für Erziehung und Unterricht: Bildungsplan Hauptschule, Stuttgart 2004

Ministerium für Kultus, Jugend und Sport des Landes Baden-Württemberg: Eckpunkte zum Jugendbegleiter-Programm, URL: http://docs.google.com/viewer?url=http://www.km-bw.de/servlet/PB/-s/149dl8p16x3aot1uvwd0i63sajf4cku6q/show/1186023/Eckpunktepapier%20JuBe%2018%2001%2006.pdf über: http://www.ganztagsschulen.org/1112.php, vom Februar 2006

Münchmeier, Richard: „Ganztagsbildung – Kooperationsmöglichkeiten von Jugendarbeit und Schule", , in: Landesjugendring Baden-Württemberg (Hrsg.): „Dokumentation des Expertenkolloquium Ganztagsbildung – Kommunale Bildungspartnerschaft in der Kooperation von Jugendarbeit und Schule" Stuttgart 2007, S.9-20

Nietzsche, Friedrich: Werke IV - Aus dem Nachlass der Achtzigerjahre, 6. Aufl. Frankfurt 1969

Nüchtern, Michael: „Wie hast du's mit der Religion. Wandlungen der religiösen Landschaft", EZW-Texte 1998, 143, vergriffen., Download: http://www.ekd.de/download/EWZ_Texte_143_Internet.pdf. vom 17.01.2011

Nübel, Hans Ulrich / Polnau, Ottmar: „Jesus der held", S.75-94, in:

„Religionspädagogische Grenzgänge, Festschrift für Erich Bochinger und martin Widmann zum 60.geburtstag", Büttner, Gerhard / Thierfelder, Jörg (Hg.): Arbeiten zur Pädagogik Bd. 26, Stuttgart 1988

Oesselmann, Dirk / Rüppell, Gert / Schreiner, Peter: Impulse zur konzeptionellen Weiterentwicklung ökumenischen Lernens, Vortrag in Bonn am 09. Dezember 2008 während der Tagung der Ev. Kirche im Rheinland zum Thema: „Europäisierung des Bildungswesens. Perspektiven für das deutsche Berufsbildungssystem", Dokumentation des Comenius - Institut Münster, 2008

Oser, Fritz: „Wieviel Religion braucht der Mensch? Erziehung und Entwicklung zur religiösen Autonomie", Gütersloh 1988

Overwien, Bernd: „Stichwort: Informelles Lernen", S. 338-353, in: Zeitschrift für Erziehungswissenschaft, Berlin 5 /2005

Pannenberg, Wolfhart: „Christentum und Mythos", Gütersloh 1972

Pfeiffer, Christian: Computerspielabhängigkeit im Kindes und Jugendalter, Forschungsbericht Nr. 108, Kriminologisches Forschungsinstitut Niedersachsen e. V., 2009, S.15ff.

Rat der EKD: „Kirche und Jugend - Lebenslagen, Begegnungsfelder, Perspektiven" 2010, Link / Download unter: http://www.ekd.de/presse/pm28_2010_kirche_und_jugend.html, gelesen am 07.05.2010

Rau, Johannes: „'Multiple Identitäten in modernen Gesellschaften", 2002, S.47, in:
Schweitzer, Friedrich: „Religion – Vertrauen in das Unverfügbare", in: Religionsbuch Oberstufe, hrsg. von Baumann, U. und Schweitzer, F., Berlin 2006

Rauschenbach, Thomas (Hrsg.): „Sozialräumliche Jugendarbeit. Grundlagen. Methoden. Praxiskonzepte", Wiesbaden 2005

Reuber, Edgar: „Werkanalyse der Rockoper Jesus Christ Superstar – musikalisch-theologische Perspektiven", Halle Projekte - Verlag Cornelius 2007, (zur Verizifierung des Telefongespräches vom 09.08.2010 seine Email-Adresse: Edgarreuber@t-online.de)

Riege, Marlo / Schubert, Herbert: „Sozialraumanalyse; Grundlagen – Methoden – Praxis", 2002 Opladen

Rohr, Richard: „Endlich Mann werden – die Wiederentdeckung der Initiation", München 2009

Rohr, Richard: Vom wilden Mann zum weisen Mann, München 2009

Röll, Franz Josef: „Mythen und Symbole in populären Medien", Frankfurt 1998

Rosowski, Martin: „Freundschaften – Männer in Beziehungen", S.19-24, in: Das Baugerüst: Mann, oh, Mann, die Jungs, Nürnberg, Heft 3 / 2001

Saal, Holger: „Das Symbol als Leitmodell für religiöses Verstehen: Tiefenpsychologische Theoriemodelle und ihre Konsequenzen in didaktischen Vermittlungsprozessen", Göttingen 1995

Schalla, Thomas: „Veränderte Welt – veränderte Jugendarbeit mit Chancen", S.30-33, in: Das Baugerüst: Zukunft der Jugendarbeit 2017, Nürnberg 1 / 2010,

Scharfenberg, Joachim / Kämpfer, Horst: „Mit Symbolen leben : soziolog., psycholog. u. religiöse Konfliktbearbeitung", Freiburg 1980

Scharfenberg, Joachim: „Menschliche Reifung und christliche Symbole", S.86-92, in: Concilium, Zeitschrift für Internationale Theologie, 14.Jhg, Heft 2, Mainz 1978,

Schmidt-Rost , Reinhard: „Kontrapunkt – Christliche Vergewisserung in der Medienwelt. Eine Einführung in das Thema", S.9-24, in: Schmidt-Rost, Reinhard / Dennerlein, Norbert (Hg.):Kontrapunkt. Das Evangelium in der Medienwelt, Hannover 2005

Schönig, Werner: „Sozialraumorientierung – Grundlagen und Handlungsansätze";
Schwalbach 2008

Schramm, Michael: „Die leise Sehnsucht nach einem ‚Dahinter'. Zur Wiederkehr des Religiösen auf dem Markt der Unterhaltungsfilme", Stuttgart 2007 →
Auch. https://www.uni-hohenheim.de/wirtschaftsethik/hhwpthcse_03.pdf vom 14.02.2011

Schweitzer, Friedrich: „Aufgaben und Perspektiven einer Berufsorientierten Religionspädagogik", Dokumentation Eröffnungsveranstaltung EIBOR am 26. Januar 2009 in Tübingen

Schweitzer, Friedrich: „Lebensgeschichte und Religion", Gütersloh 1999

Schweitzer, Friedrich: „Religion – Vertrauen in das Unverfügbare", in: Religionsbuch Oberstufe, hrsg. von Baumann, U. und Schweitzer, F., Berlin: Cornelsen, 2006

Shell Deutschland Holding (Hrsg,): Albert, Mathias / Hurrelmann, Klaus / Quenzel, Gudrun: „16. Shell Jugendstudie , Jugend 2010", 2010 Frankfurt

Siedhoff, Thomas: „Handbuch des Musicals", S.288 – 291, Mainz 2007,

Simon, Hermann / Gathen, Andreas von der: „Das große Handbuch der Strategieinstrumente. Werkzeuge für eine erfolgreiche Unternehmensführung", Frankfurt 2002

Tillich, Paul: „Wesen und Wandel des Glaubens", Frankfurt 1961

Tillich, Paul: „Die verlorene Dimension. Not und Hoffnung unserer Zeit", Hamburg 1962

Theißen, Gerd: „Das neue Testament", Beck München 4 / 2010

Theißen, Gerd / Merz, Annette: „Der historische Jesus", Vandenhoeck & Ruprecht Göttingen 2 / 1997

„**TV-Spielfilm**" Fernsehzeitschrift 7 / 11, für den 26.03.2011 – 08.04.2011, TV-Spielfilm-Verlag, Hamburg 2011

Vasel, Stephan: „Religiöse Dimensionen der Kulturindustrie - Christliche Motive in Ben Hur und Titanic,
http://www.rpi-loccum.de/film.html, gesehen am 18.10.2010

Vogler, Christopher: „Die Odysee des Drehbuchschreibers – Über die mythologischen Grundmuster des amerikanischen Erfolgskinos", Frankfurt 2004

Walsh, Michael: "Andrew Lloyd Webber. Der erfolgreichste Komponist unserer Zeit", Wien 1992, in: Reuber, Edgar, s.o.

Weingardt, Markus A .: „Religion macht Frieden – das Friedenspotenzial von Religionen in politischen Gewaltkonflikten", Bonn 2007

Wiemken, Jens: „Unterrichtseinheiten zur Analyse der Inhalte von Medien (hier speziell: Bildschirmspiele)", entwickelt im Auftrag der Bundeszentrale für politische Bildung, 2006, pfd-Datei download über: byte42.de/material/u1.pdf

Wolff, Hanna: „Jesus als Psychotherapeut", Stuttgart 1986

Wolters, Jörg-M., „Kampfkunst für Jungen", S.88-92, in:

Das Baugerüst: Mann, oh, Mann, die Jungs, Nürnberg Heft 3 / 2001,

Zeilinger, Albert: „Kirchengeschichte – Fakten und Zusammenhänge", Band I: Von Pfingsten bis zur Konstantinischen Wende, Taschenbuch Konstanz 1990

Fragebogen zur Forschung im Religionsunterricht (Stars, Vorbilder und Jesus)

Dein Alter in Jahren: 15-17___ 18-21___ 22 und älter___
Dein Geschlecht: männlich:___ weiblich:___
Deine Religion: **christlich**___ **muslimisch:**___ **buddhistisch**___ ohne Religion___

Nur eine Antwort angeben

1. Welcher Star ist für dich ein Vorbild?

Bushido___ Xavier Naidoo___ Lady Gaga___ Rihanna___ Sido___ Beyoncé___ Eigener Vorschlag:___

Möglichst genau sechs Kreuze!

2 Wie soll ein vorbildlicher Star sein?

besiegt andere___ hilft anderen___ hat vor niemand Angst___ ist immer ehrlich___ hat besondere Fähigkeiten___ ist cool___
wird geliebt___ ist fair / gerecht___ macht keine Fehler___ ist zuverlässig/ treu___ hat immer Erfolg___ sieht super aus___

3. Jesus aus der Bibel – könntest Du ihn dir als Star vorstellen? *(alles passende ankreuzen!)*

Ja,…..
___ weil er ein besonderer Mensch war (Wundertäter)
___ weil er sich für Gerechtigkeit eingesetzt hatte (Mut / Liebe)
___ weil er den Menschen Neues zeigte (Weisheit)
___ weil seine Sache / Glaube über seinen Tod hinaus ging

Eigene Antwort:___

Nein,…
___ weiß zu wenig über ihn, alles zu kompliziert
___ Auferstehung … schwer zu glauben
___ weil es keinen Gott gibt / Beten und Glauben sind unnötig
___ Pfarrer/in und Kirche versagen zu oft

Eigene Antwort: War kein Star, weil